U0931676

讓智慧和學習融入身心靈和生活，
重新認識自己與生命本質，更貼地去了解宇宙奧妙。

01 Body　02 Mind　03 Spirit

聽身心靈說話

宇宙都想讓你知道的妙事，由WELLEN與一眾嘉賓好友告訴你

Wellen 著

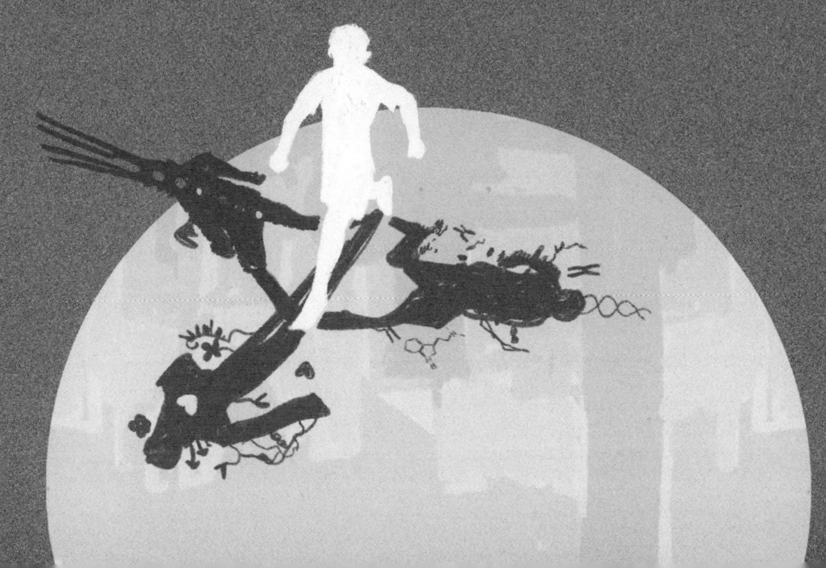

推薦序

彼岸

小克

修行修行，修字本身就有「修理」之意，所以一直認為，對「靈性」感興趣的人，根本全都有問題。要不身有問題，要不心有，或靈有，不然為什麼要在某頁人生劇本中加插若干情節，去提醒自己，原來世界有靈性這一面？然後，誤以為自己覺醒了，站在靈性高地，準備揚升，恥笑世人愚癡，看不起其他人的修行方法。於是，自身的問題沒解決過，囤積起更多問題，慈悲心同理心修不出來，修一千世也是徒然。

不信可看看 Wellen Time 的評論，總有人說「這嘉賓是神棍！」、「根本不是這樣的」之類留言。身心靈圈如是，填詞圈插畫圈如是，其實每個圈都如是，亦不只香港如是，全世界一樣，有人就有事。

有個佛偈，說穿了所有人間紛爭：真理在河的對岸，每個人用自己的方法過河，有人築橋、有人造船、有人掘地道、有人直接游過去。總有人快一點，有人慢一點，快一點那個，笑慢一點那個；慢一點那個，又羨慕快一點那個。真煩。

彼岸只得一個，各走各路各施各法，途中因果相連，或順暢或迂迴，路總不同，找自己適合的方法便好，步履有徐有疾才有節奏，何須鬥生鬥死還要鬥快！

世界千奇百怪，我們知道的實在太少，最後也只能以謙虛心去慢慢學習，以同理心去看待萬物，相信 Wellen 也有相同想法，我們也就帶著這心態去看其節目。畢竟香港有這種同聲同氣的身心靈頻道，絕對是福氣。

小　　克

自序

「我的志願」這個作文題目，究竟有沒有在我「求學」生涯出現過，我不知道。說實話，我的人生好像從來沒有思考過自己有什麼志願。但作文這個環節從小就很喜歡，到現在也不定時在各社交平台發表「偉論」。我有沒有立志成為作家呢？好像有又好像沒有。但很明顯，出這本書之前我並沒有成為真正的作家。

中學時期很喜歡看報紙的副刊：林振強、陶傑、鍾偉民、蔡瀾……很嚮往大師們的文筆。總覺得，為什麼會有人寫東西可以寫得那麼天馬行空但又條理清晰？原來罵人可以這樣優雅而令對方沒有反駁餘地。每天看着他們的文章，嚮往之餘更曾一度幻想自己能成為他們的一分子。奈何我這個懶散的人，執行能力極低又缺乏文學修養，這幻想亦隨着歲月流逝而逐漸消退了。

我的人生就是渾渾噩噩地大學畢業、打工、創業，最後的工作是保險代理，也做了十三年。一晃眼便廿多年了。直到 2020 年九月創立 Wellen Time 這個 YouTube 頻道之前，曾經妄想，不如把自己廿多年所學的「身心靈」知識結集成書，那麼便可以一嘗成為作家的滋味了。但其實，以往所學的是否值得分享已經要深究，至於怎樣整理以往所學而變成文字就更加沒有頭緒。出版社、印刷、發行商一個也不認識。就這樣便想出書做作家簡直是「開玩笑」。於是，老天爺也看不過眼，派了一位我不認識的使者，於一個「無

匣頭」、短短五分鐘的飯後煙時間相遇，上天派來這個我不認識但很感激的陌生人，給我一個足以改變一生的訊息：不要出書，做 YouTuber 吧！

這個訊息對於我來說實在太前衛太震撼了！拋頭露面做幕前，可能要對着千千萬萬個觀眾做節目，我從來沒有做過，能勝任嗎？經過數星期的思考、沉澱和發酵，我終於鼓起勇氣籌劃一個 YouTube 頻道。過了不久，Wellen Time 終於誕生，一做便做了四年多，而要出書做作家的念頭亦不知不覺打消了。

原來我的志願是做 YouTuber？是嗎？還是，做 YouTuber 只是探索人生的其中一種方法，就好像之前打工、創業、做保險，都只是方法而已，談不上志願吧！好的，是不是志願不打緊，做好這個頻道吧！但怎樣才做得好呢？我又不是媒體出身，怎樣做節目、寫稿、收音、剪片……什麼也不懂。分享自己以往所學的？會不會誤人子弟？不理會了，做吧！立即上網自學如何收音剪片。就這樣粗糙地做了兩集所謂身心靈專題探討節目，什麼《心念如何影響健康》、《隨時隨地心腦合一》，雖然不太失禮（現在看一次，尷尬一次），但彷彿方向不太正確。於是上天再次看不過眼，又派使者來通報，告訴 Wellen 不要自說自話了，跟別人對談吧！話題才會更加闊、更有趣味。而這位可愛使者便是唱作歌手兼瑜伽達人黎曉陽Michael仔了。

就這樣，Michael仔便成為Wellen Time第一位嘉賓。之後的Paul Lung、Mike Tse、梁栢堅、黃志淙、Lester、Olivene Adi、小克、Prodip、MC仁、周兆祥……每位嘉賓都經過上天巧妙的安排，於適當時候出現在Wellen Time。而每位受訪嘉賓都充滿智慧，無私地把所知的傾囊相授。告訴你，其實最大得益的不是觀眾，而是我自己。

於「疫情」最難捱的那幾年，Wellen Time盡量風雨不改地每個星期出一條片。自說自話的片還是有的，因為找合適的嘉賓其實都有難度。不過當越做越順利的時候，邀約嘉賓的工作亦變得容易。而訪問嘉賓的數目，相信到出書之日應該已經超過八十位吧！

這四年來，Wellen Time每天小進步，不定期大中小退步（例如收音）。但總算有不少人明白小弟在做什麼的。於是上天這一次看得順眼了，派遣「歌歌」（出版社靚女負責人Gloria）這位使者來告訴Wellen：「想不想出書做作家呢？」

Wellen登時心花怒放，孔雀開屏！宇宙啊、上天呀、佛祖、道、

神、一體……感恩感恩，今次我不會渾渾噩噩了，因為完成「我的志願」的機會竟然自己出現了！

很感激每一位曾經在 Wellen Time 出現過的嘉賓，沒有你們的分享，這個頻道什麼都不是。但由於嘉賓數目實在太多，我不能每位都放在這本書內。當然最大原因就是我的寫作功力，暫時未能夠駕馭那麼多文字。所以沒有在這本書出現的嘉賓，希望你們都能夠諒解。

這本書會補充一些嘉賓於訪問時沒有說過的觀點或趣事。而 Wellen 亦會透露一些與嘉賓的點滴和相識經過，以及當中學習到的事物。總之，無論是看 Wellen Time 的節目還是文字，我都希望能盡量為大家帶來「題材每次驚喜，感悟歷久常新」的效果。

我深信，上天會於適當時候安排適當的「發生」，包括好的和壞的。就以謙卑和感恩的心迎接每一個「發生」吧！

大家好，歡迎收看 Wellen Time！

CONTENTS

1

人生劇場

—— 小克

1

人生劇場 —— 小克

要數嘉賓的出場序，理應黎曉陽是第一位。但真正帶領我踏上身心靈這條「不歸路」的人，就非小克莫屬了。所以 Michael 仔多等幾頁，下一位就到你。

小克便是「聾貓」漫畫的作者，他是一位插畫家、編劇和資深填詞人。為人看似低調沉默，但畫作風趣幽默極具意境，歌詞天馬行空寓意深遠。跟相熟的朋友，其實是十分健談的。

以下是我跟小克相識經過的「Wellen 版本」，為什麼這樣說？因為我的回憶跟小克的有少許出入。沒所謂吧，反正記憶都是靠不住的。

身心靈的名相和工具

2002 年初吧，確實日子真的記不起了。有一晚，太太興奮地跟我說：「明天下午約了阿 Jan 在南華會打保齡球，我們一起去吧！」「阿 Jan」便是林海峰先生，太太自小便是林公子的粉絲，長大後竟然變成朋友，到今天我們還經常吃飯見面。

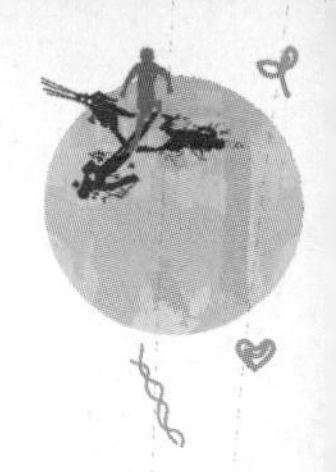

好的，打保齡球、林海峰，這個活動和人物我都OK，因為2000年初我已迷上保齡球運動，還打得算不錯，而我也是「軟硬」粉絲。能夠在偶像面前一展身手，當然求之不得。就這樣，我們便相約在南華會「碌齡」了。

阿Jan當日除了帶同太太前來，還有一位高高瘦瘦、膚色黝黑、沈默寡言的年青人。經林公子簡單介紹後，知道這位年紀跟我相若的年青人叫小克。當時我覺得他的名字跟外形很匹配，便以為他的名字是「小黑」。

隨後五個人開了兩條球道，開始各自展示球技了。

可能我們太專心打球了，印象中我只是跟林公子交談，那位「小黑」彷彿沒有存在。打完球才知道，這位「黑鼆鼆」的年青人，原來便是當時幫林海峰寫電台廣播劇《鴿子園》的那位小克！

可能林公子對保齡球沒有興趣，他沒有再安排我們一起「碌齡」，所以之後便沒有機會再跟小克見面了。

真正開始認識小克身心靈那一面，應該是他把在某雜誌的每週插畫結集成《偽科學鑑証》系列。那時候他出一本我買一本，更成為了他的忠實粉絲。他這系列的漫畫，讓我接觸到很多「新時代」(New Age) 概念。例如我第一次知道甚麼是生命之花、何謂揚升、原來我們是由不同的「體」(星光、乙太……）所組成、什麼靈魂出生前的計劃……還有一些身心靈玩意和工具，例如人類圖、SRT、阿卡西記錄……這些東西我以前從沒有聽過，眼界從以往只有宗教層面的認識，一下子跳到去新時代了。

之後偶爾都會留意他的動向。直至他推出「聾貓」麻將，我知道後便很想擁有一副（因為我自小已經是麻將精）。於是在某天，我便到訪當時於灣仔售賣聾貓產品的店舖查詢，但我心儀的黑色竟然沒有貨了，而店員亦說不知何時會補貨。於是，我回家便發了一個電郵給小克（忘記了怎樣知道他的電郵了），詢問有沒有可能直接跟他買那副黑色麻將（又不知道為什麼會有「跟小克直接購買」這個念頭）。我當然有提及那次保齡球的一遇，以示並非白撞。

在沒有期望他會回覆的情況之下，我竟然收到他的電郵，並告訴我不用買了，他送一副給我便是。這麼驚喜的回覆，當然是求之不得。

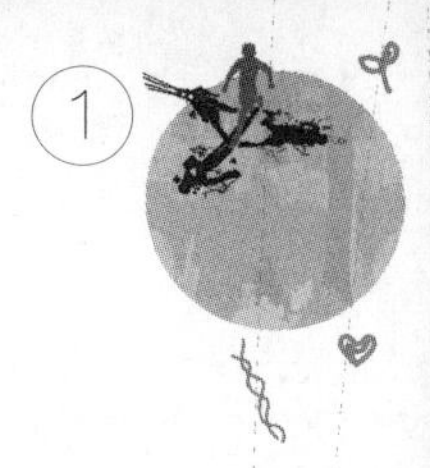

於是我便提議不如來我家吃頓飯順便交收吧！

當晚小克和我夫婦倆，天南地北，無所不談。當然少不免再提當日「齡場」的一面之緣，但談得最多的是跟新時代身心靈有關的話題。當時的我對 New Age 一竅不通，聽着小克講的書、玩意、故事……聽得如痴如醉。

突然間，他從袋中拿出一本厚厚的文件夾，還有一個水晶靈擺，輕描淡寫地向我們介紹 SRT（靈性反應治療 Spiritual Response Therapy）。我曾在他的書本裡看過他介紹，但其實不太清楚整件事是怎樣運作的。在一頭霧水和好奇之下，他便開始跟我們玩這個 SRT 了。我跟太太好像問了一些問題、他幫我們清了一些負能量、偵測到附近有些靈體……感覺很新奇有趣但又熟悉，很像小時候玩碟仙銀仙啊！

就這樣玩玩 SRT，喝喝酒，互相分享一些個人學習心得，我們歡度了一個很「身心靈」的晚上。

從此，我亦正式踏上「那條」不歸路了。

死藤水

之後我跟小克一直保持聯絡。他為我提供很多身心靈的資訊：書籍、玩意、工具、歌曲……當然還有最終極（那時候覺得）的「死藤水」了。

2015 年十月，小克煞有介事地發了一個訊息給我：「想不想知道宇宙真相？」嘿，經過十多年學習不同類型的身心靈知識，當我還在尋找「真相」的時候，你竟然問我想不想知道？我二話不說回覆：見面時間、地點，快，最好就是現在立即出來告訴我！

翌日，我們便在酒吧見面。他很詳細地跟我介紹什麼是死藤水，包括成分、來源、歷史、喝後會怎樣、去哪裡參加儀式等等資訊。我好像很留心聽着，但內心思緒翻騰，恨不得現在就去參加這個神聖儀式。就在「簡介會」中間，我問了一個很簡單的問題：「什麼時候出發？」

原來這個「簡介會」，小克一早已經選定了好幾位像我這樣又好奇又敢於嘗試的朋友參加。他很有信心，這班朋友一定會跟他一起去

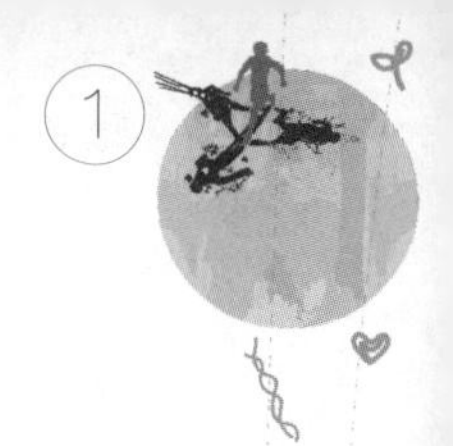

探索宇宙真相。就這樣，一班「嘈友」(Spiritual 的朋友) 便在 2016 年暑假，帶着既興奮又緊張的心情，遠赴南美洲的秘魯，一嘗神聖莊嚴的死藤水儀式了。

儀式過程我已在頻道和其他媒體分享很多次，這裡不贅言了，在本書最後我有少許分享，而在這裡可以概括地告訴大家，這是一個改變意識、人生、價值觀的旅程，但請各位讀者真的不要隨便嘗試。小克和我及同行的團友，在儀式過後，各自人生都有翻天覆地的改變（相信是正向的偏多）。而我就是在參加儀式後三年，辭去做了十多年的保險工作，繼而成立 Wellen Time 這個身心靈頻道。現在回看，一切彷彿就是安排好了，我只是乖乖的順着走！

小克在訪問中曾經說過，喝了死藤水後的狀態，其實跟做夢差不多。有時做夢會遇到一段戀愛關係，但往往總因為某種原因阻攔而未能開花結果，醒後便很後悔當時自己為什麼不能勇敢一點。及後他明白一個道理：反正都是夢一場，何不把這個夢做得更漂亮呢？而人生也是一場夢啊！只要在不傷害任何人的情況下，其實做什麼也可以的。不需要理會那些無謂的規條和枷鎖，做人自然變得更加勇敢果斷。雖然不是時常都能做到，但起碼這個做人方針已經植入我們心坎裡。

人生就是自編自導自演的劇場

死藤水的儀式，顧名思義跟死亡有關。很多參加者都會經歷不同程度的死亡感受。究竟是真是假其實不重要，或許到那天真正來臨時，謎底便會揭曉。

這趟旅程，我們真的一起經歷了些不尋常和珍貴的學習。所以當我於 2020 年成立 Wellen Time 這個頻道後不久，便邀請小克做嘉賓，分享當中的靈性學習。當然除了死藤水的經歷之外，他個人的身心靈學習體驗也非常值得分享。

記得初相識時，他跟我分享了一個當時讓我覺得驚為天人的概念（現在久不久都會跟不同的朋友討論一番），就是我們每個人的人生都有劇本，而這個劇本其實一早已經寫好了，一切的善或惡、聚或散，也定了早晚；至於是誰寫的就很值得考究了。我們每個人都只是自己那場戲的演員，生活的每樣發生，都只是劇情而已。但同時間，編劇和導演也是我們自己，那場戲要如何發生、怎樣的結局，也是由我們自己決定的。

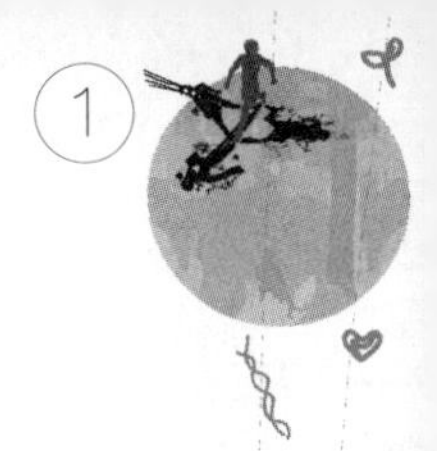

他舉例說，過去曾試過面對一些不友善甚至是壞蛋的人，跟他們交往都是不愉快的，於是他嘗試從「角色扮演」這個角度去看待那個人：當把人生視為一場戲時，遇到的壞蛋其實都只是演員。他反而很感恩這個人在他人生的這一場戲裡，代自己做了那個不討好的角色，那麼他便不用經歷壞人這個角色了。當有了這個思想時，交往便變得純粹，不用再為這個壞人而起情緒。劇本決定的都只是角色，怎樣演繹和如何跟其他演員互動，都是自己的選擇；這麼想人生頓時便掌控在自己手中了。

當時我有點困惑，人生如戲就聽得多，但是連劇本也是注定了，我好像不能接受，還有點抗拒。而且又說編導都是自己，故事情節又是自己可以控制的，那麼究竟這個劇本是注定的還是可改變呢？

這個問題到今天我還在不斷探討，跟不同的朋友討論，就有不同的理解。到現在這一刻，我較傾向接受的是，劇本或人生其實真的是注定了。但是，就算是注定了，我們其實也是在不知情的情況下進行，也是蠻好玩的。情況就好像我們打遊戲機一樣，當我們沒有玩過那個遊戲的時候（這一生），其實是充滿新奇和刺激的。但是遊戲的程式（每天日常）其實一早已經編寫好，只是我們不知道而已。在遊

裡（即現實生活裡），我們要選擇那個角色向前行還是向後退（生活中的抉擇）都是自主的。但是向前行和向後退有什麼後果，程式都是編好了，只是看我們如何「選擇」反應而已。

例如大家都玩過的任天堂瑪利奧遊戲。如果你是遊戲玩家，遊戲過程中你投入到覺得自己就是瑪利奧。在其中一關因為踩不到烏龜而過不了，在玩遊戲的你可能會選擇生氣那隻可惡的烏龜累你過不了關，或者重新振作，吸收失敗的經驗後再重來一遍。但遊戲中的瑪利奧會因為過不了關而生氣嗎？烏龜會在乎你過不到關嗎？遊戲中發生的一切對玩家有什麼意義呢？如果能夠做到抽離地看，自己只不過太過投入遊戲裡的角色，「我」不是瑪利奧，瑪利奧也不是「我」，一切都是假的，當套用到真正的人生層面，很多不必要的情緒其實便可以因此而放下。至於我是誰，那又是另一個大題目，在此暫不探討了。

對於能夠像小克那樣，接受人生就是角色扮演這個概念，我還有一個領略，而現在也不斷練習的，就是我開始理解到，為什麼一個人會扮演某個角色，或是某件事情的發生，是要讓我學會什麼。例如，我遇到一位比較優柔寡斷的朋友，做人做事總是拖拖拉拉，以前我

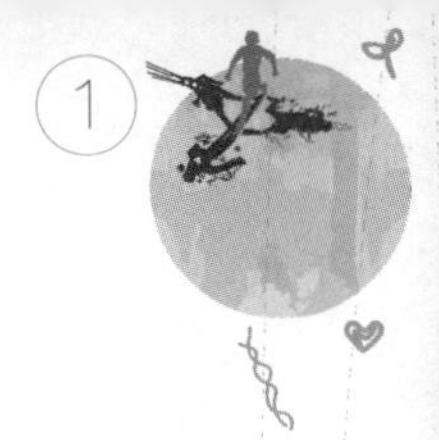

或許會不屑與他交往，甚至見到他也會起煩惱。但現在我會嘗試去理解甚至幻想，究竟他以前（甚至前世）經歷了什麼導致會有這個性格呢？是成長環境還是原生家庭？他扮演這個優柔寡斷的角色，會不會是反面地在提醒我，做人要積極向上呢？或者他自己根本就不覺得有問題，只是我心胸狹窄不能包容別人而已。

又例如，很難得才可以放假一天去打哥爾夫球，但偏偏遇着雷暴取消要留在家中。以前當然會鬱鬱不歡心情低落，現在我會思考是否有比打球更重要的事在等着我，也可能我去了打球便會發生意外，上天因此安排「那場雷暴的戲」讓我留在家中避過一劫。或許你會覺得我想多了，但是這樣想着想着，雖然沒有任何定論，但是心，就這樣安了，不再為某人某事而那麼容易起煩惱。

而且這個想法對於鍛鍊「不批判」的思考模式是很有幫助的。因為身心靈學習其中一樣最強調的，就是不批判，對於一切事物的發生都不作好壞對錯的批判。但我們每時每刻都要面對那麼多抉擇，要做到真正不批判又談何容易呢？而且這裡還有一個大問題，如果我們生於這個三維世界不談好壞對錯，生活也會變得一團糟。其實我最初接觸這個不批判的概念時，是有少許濫用它的。那時我經常把它掛在

口邊，叫別人不要批判這不要批判那，原來是非常惹人生厭。如果在這個三維世界罔顧二元對立所產生的「人間標準」，那麼殺人放火，周街大小便，都變成不可批判了嗎？所以這個「不批判」的思考模式又如何運作呢？

我現在的心態就是，看別人或事情，盡量不加批判，純粹看他／它的本質，針對本質而作出反應。至於自己的行為，就像小克所說，這種不批判的思考模式是浮動的，在不傷害別人的情況下，做什麼也可以的（周街大小便雖然不傷害別人，但是我不敢做，哈哈）。

我們還沒有跳出這個二元世界，根本談不上絕對的不批判，能夠做到接近不批判已經很了不起。而在鍛鍊的過程中，學到不那麼容易起情緒也很不錯，至少人生減少了很多生氣、傷心和遺憾的理由了。

情緒與藝術創作

雖然如此，但人會出現情緒也是很正常的。看到這裡，可能大家會覺得，上面又說不要那麼容易起情緒，現在又說出現情緒很正常，

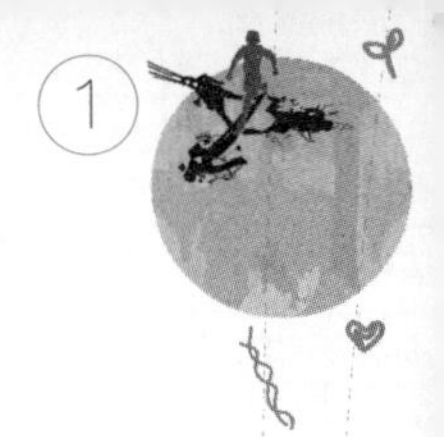

可能你已經看到起情緒了。其實，我們身處這個世界，就是不斷在二元對立之間遊走，不落入任何一邊，否則就是走極端路線了。但走極端路線有沒有問題呢？不批判啊！當然是沒有問題的。所以要在真理以外討論，其實是沒完沒了的，就好像太極圖一樣，物極必反，沉淪墮落夠了，又會向另一個方向揚升邁進。

所以小克認為經歷情緒起伏其實並不是壞事，甚至會感恩人生中出現的低谷，在那裡好好感受情緒帶來什麼啟示。不需要批判自己的情緒，反而可以利用它來做很多藝術創作。

身心靈學習中有一個概念也很重要，就是一切都只是能量、頻率。情緒當然也是能量，而且是能夠轉移的。例如我曾經問過好友夏永康（他是國際知名攝影師），說我曾在一個攝影展覽中看到一幅女性裸照，為什麼我只看到美感而不是淫意呢？當然我不是在炫耀自己有什麼獨特的鑑賞能力，只是當時看到作品，我真的有這個感覺而且非常讚嘆才有此一問。

他解釋道，如果那個攝影師當時是帶着淫念去拍攝這個模特兒，他拍出來的相片自然便會帶有這個念頭的能量，觀賞的人也很自然會感受到。相反，如果攝影師只是從欣賞角度而拍攝，效果便會像我的感受一樣。意思就是，我們的情緒能量，是會透過作品散發出來的；這幅畫是抑鬱地畫、那首歌是傷心地寫，敏感的受眾都很容易感受得到。所以，不知道大家有沒有從歌詞中感受到小克的情緒呢？

Wellen經常發填詞人夢就大家都知道，所以在過去五六年，我經常把一些沒有面世的作品發給小克過目，讓他狠狠地批改，而他亦從不手軟，往往都是一針見血地指出我的錯誤，從中我亦學習到很多填詞技巧和詞語運用的邏輯。有時，他也會把自己最新的作品發給我和內子，還附加一些他的解說。看着看着，我總會讚嘆，為何他知道那麼多東西呢？怎麼會有人這麼博學？他是如何把那麼複雜難明的佛理（陳奕迅的《告別娑婆》）、新時代身心靈概念（周國賢的《有時》三部曲）、甚至科學原理（ToNick的《量子糾纏》及GooChan的《相逢實驗》）……用文字和諧地放入旋律這個既定框架之中呢？

我記得他曾經講過，要把某書局擺放身心靈書籍那個書櫃的書名，全部變成他的歌名。有這樣的鴻圖大志他絕非信口開河，例如早期有周國賢的《當下的力量》、張繼聰的《生命之花》，近期亦有柳應廷的《狂人日記》、《砂之器》及《人類群星閃耀時》，要用一本

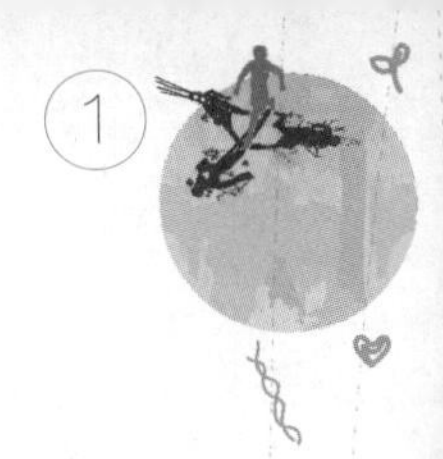

書名去寫一首歌詞，總不會沒有看過那本書吧！

而我就覺得（這不是他本人講的），他寫那麼多的作品，背後所灌注的能量，就是希望大家可以在不同的範疇快點覺醒，脫離當中的痛苦。至於另一種能量的展現，就是對知識追求的執着，不苟且，不含糊，每份詞、每份畫作，創作之前都會做足前期資料蒐集，以極致的作品來激勵別人。

最後就是對生命的一切發生保持臣服、接受和不抵抗的態度，這些都是身心靈範疇很重要的學習課題。這些能量的輸出，或許他自己本人都不知道，但是我作為一位接收者，是再清晰不過了。

感謝上天安排小克這位使者，讓我在靈性道路上走得更暢順更有方向。

後記

當喝了死藤水進入狀態的時候，參加者可能會有某些情緒爆發：傷心、開心、慚愧、掛念、感恩……記得有一晚，大家都很安靜，只有小克一人在抽泣，而且當儀式完結的時候，他還在哭呢！我們沒有打擾他，就讓他哭個夠吧！

當晚我也有很多傷感情緒，但不知怎地，就是覺得沒有需要去哭。整晚聽着小克的啜泣聲，我只感覺到，自己的傷感就是他的傷感，他的傷感也是我的傷感，彷彿小克已經在代我和其他人哭出所有哀愁了。那一刻，我終於領略到他說的人生劇本和角色扮演了。於是我雙掌合十，隔空向他說聲：「感恩你做了哭泣那個角色，辛苦了！」

事後才知道，有這感覺的不只我一人，而是全部人都有這個感覺。小克本人亦覺得，當晚哭泣的角色，就讓他一個人去當吧！

告訴大家，死藤水儀式這場戲，除了我代你哭、我代你笑、憤怒……其實甚至是嘔吐都可以的（因為喝了死藤水其中一個生理反應就是嘔吐，但不一定會出現）！試過整個儀式中，只有一個人嘔吐，而且是從開始到結束，頻密地不斷吐。嘔吐的聲音就好像一條江河在洩洪般，非常震撼，當晚所有「演員」都很感恩這位「代吐」勇士。

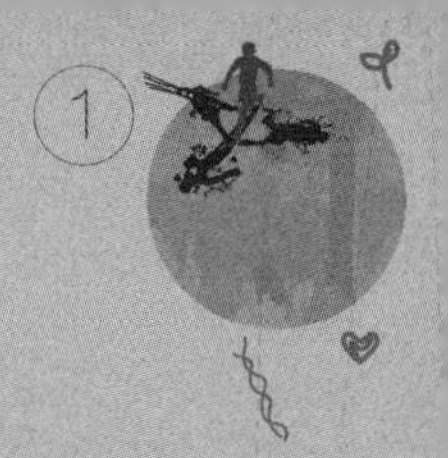

不過，感恩還感恩，他嘔吐的聲音和頻率，竟然產生令人發笑的效果，而且也成為我們朋友間會拿來開玩笑的回憶片段，而這個人便是我們的好朋友夏永康！

這便是我那條不歸路的開始，誠邀大家繼續陪我一起走吧！

2

不受束縛的靈魂

—— 黎曉陽

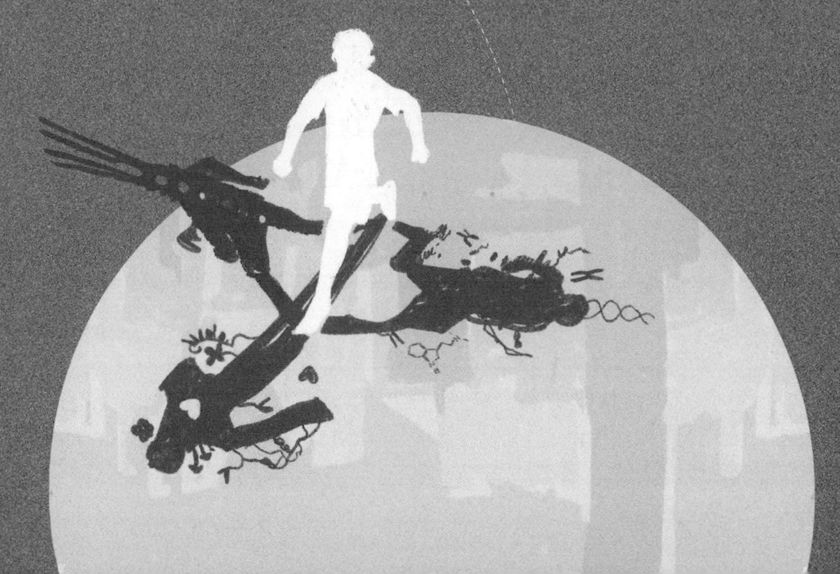

2

不受束縛的靈魂 —— 黎曉陽

黎曉陽是香港一位創作歌手，十多歲已經出道。近年醉心瑜伽運動。於 2020 年初遠赴墨西哥學藝，之後人生來了個 180 度的轉變。

從 2016 至 2017 年，我經常參加一個「靜心營」。這個靜心營顧名思義是讓大家靜心，參加者會打坐、聽主持玩音樂，有結他、笛、頌缽……還有悅耳的歌聲，完結後我們會喝茶和分享。經過三日兩夜的靜化，通常都會有重新「開機」的感覺。我就是在 2017 年初的一個靜心營中認識 Michael 仔（大家對黎曉陽的暱稱）。

這位年青人，當時應該是二十三、四歲吧！我孤陋寡聞並不知道他是一位唱作歌手，而我這位四十多歲的大叔又帶點高傲，對於廿多歲的小伙子根本看不上眼，一句「哈佬」打個招呼便算了。

靜心營也有空閒沒事做的時候，就在這個空閒時間，有些人會選擇坐在一角沉思，有些會跟相識的朋友閒談，而 Michael 仔竟然跟我這個大叔攀談起來。他當時給我的感覺就是很聰明、腦轉數很快、很純很天真，經常帶着陽光般燦爛的笑容。而他又會把玩靜心營內各種樂器，更玩得頭頭是道，原來這位年青人音樂造詣是那麼高！

就這樣我認識了這位有趣的年輕音樂人，之後也會在不同的飯局

聚會中碰到他，後來更熟絡到經常來我家作客吃飯。飯後我們除了喝酒閑談，Michael 仔還會彈結他唱歌助興。飯局中也有懂音樂的朋友，大家經常在一個飯局之後喝酒閑聊，而 Michael 仔則會彈起結他來。然後，有人會不經意地拿起牙籤筒當 Shaker 配合；有人拿着筷子敲飯碗發出叮叮聲；有人握拳打桌子當鼓做出穩定的節奏；有人隨着結他的和弦哼着簡單的旋律。不知不覺間，大家都沉浸在這個即興的音樂演奏會當中。沒有樂譜、沒有指揮，彼此都只是跟着 Michael 仔的結他聲作出配合。就這樣一玩便個多小時了，各人彷彿迷失在和諧的音樂裡，時間亦隨之而消失了。

差不多每次飯後，我們都會「舉行」這個即興音樂會，直至盡興為止。而且，大家開始對所玩的音樂越來越有要求，於是便引進了很多古靈精怪的樂器，例如澳洲土著的 Didgeridoo、薩滿鼓、水晶頌缽、銅鑼、南美笛、手碟……而加入的朋友亦不斷地增加，I_is_One 這隊即興音樂組合就這樣誕生了。而 Michael 仔更是我們的靈魂人物，很多時都是由他帶領我們進入忘我的音樂世界。

第一位嘉賓

直到 2019 年尾，我決定要辭去保險工作做 YouTuber 的時

候，仍沒有頭緒要怎樣開始。當時適逢社會運動及疫情的影響，工作不是太繁忙，所以差不多每個星期都有一天會跟導演夏永康一起煮晚飯給不同的朋友吃，那時候我也練成了不俗的廚藝。

正因為這個原因，Michael仔便提議，不如拍一集影片教家傭煮廣東菜吧！然後放到YouTube，讓廣大的菲律賓傭人可以學習煮廣東菜了。這個構思真偉大。於是，我、夏導和Michael仔便開始籌備拍攝。

說是籌備，但其實根本沒有什麼細節，只是約了一個日子，Michael仔便帶了一部八米厘攝錄機（應該是夏導給他的），希望把由街市買菜到回家切肉、調味、下鍋……各個程序都拍下來，務求帶有一種懷舊的感覺。但最好笑的是什麼呢？原來那個八米厘的攝錄機，不知道是太舊還是什麼原因，竟然最多只能記錄大概不到兩分鐘的影片。所以從進入街市買到第一道食材之後的片段便沒有了。慶幸回到家再拍攝時已經發現這個問題，所以煮食的過程還能用手機拍下來。

整個拍攝過程既不專業亦不仔細，廣東話、英文、菲律賓話夾雜，大家都只是在一片歡笑聲當中當玩而已。由於實在太馬虎，這條片我

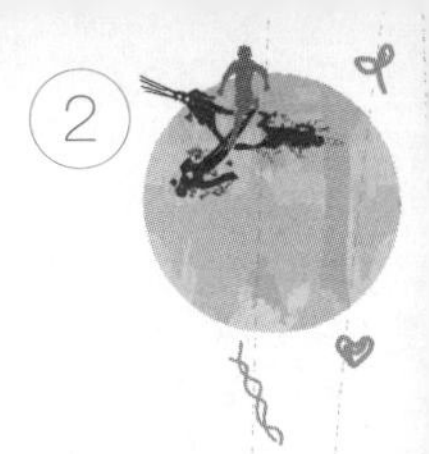

並沒有作任何剪接。而更可惜的是，這條原片現在已不知所終。可能上天都覺得我是時候要做點正經事了。

所以後來我便跟 Michael 仔正正經經地拍了「拉筋攻略」系列。他是我首位嘉賓，而他又是一位已經有十多年知名度的唱作人，所以開台第三條片的收視已經很不俗，令 Wellen Time 這個頻道一下子受到很多人認識。

學習不是求證書

從 2017 年認識至今，感覺跟 Michael 仔的性格很相近。我們也曾經笑言，如果中學時期我倆是同學，一定會是很好的朋友，而且肯定會把整所學校反轉。雖然我跟他的年齡相差十多年，但很多時候我都會從他身上學習到不同的東西。當中最嚮往又還沒做到的，就是他那份膽量和灑脫。

他在 2020 年一個人遠赴墨西哥學習瑜伽，聽說是很高階的，一天要做兩堂至三堂的高溫瑜伽而且還要教學。但有趣的是，完結了這個瑜伽課程後，理應會得到一張證書，以證明他已經修畢這套高階瑜

伽課程。要知道，證書對於很多人來說是很重要的，尤其是以後可能會賴以維生的。但是他竟然告訴我，他那張證書已經不知所終。我問他何不跟主辦單位重新索取一張，他竟然說沒有所謂吧，要學習的都已經學到了，證書不過是紙一張，不代表什麼。我聽到當下眼睛不期然翻到了後腦，但心底裡卻很欣賞他這麼瀟灑，不拘泥於世俗的標準。

這個學習跟謀生的關係，我在身心靈界看到很多有趣的狀況。我經常都會收到很多業界朋友的私訊，說自己是什麼什麼療癒師，希望到我的頻道介紹他們的服務，例如頌缽治療就是最熱門的一種。

我除了會問他們一般操作上的問題，也會了解他們修習了多久。普遍得出的答案都是：剛剛完成了某某舉辦的頌缽課程，開業不久。這也不打緊，每個人也有開始的時候。但當深入了解一些有關聲頻治療比較技術性的問題的時候，例如頌缽音調的組合、開始和完結時怎樣清理能量、聽眾聽了頌缽聲音後身心起反應怎樣處理……（這些都是 MC 仁教我的），他們很多都不知道。

我也試過接觸過一些聲稱自己擁有什麼什麼證書的治療師，容貌

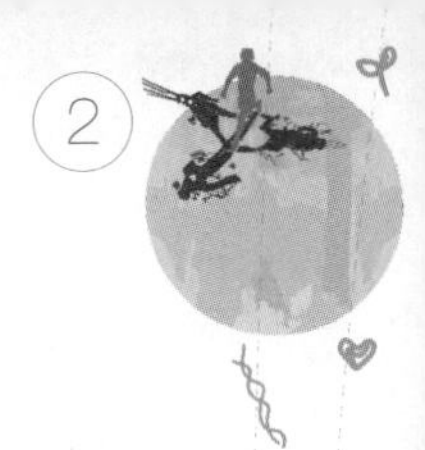

憔悴，眉頭發黑，彷彿他更需要被別人治療。當然我也遇到很多高人例如 MC 仁，什麼證書也沒有，但是對於相關的知識瞭如指掌，而且經年累月地練習研究，稍後在他的篇章再詳細講解。

而黎曉陽對於瑜伽的知識，相信有看過《拉筋攻略》系列的朋友也見識過，他不會拘泥於任何瑜伽動作的名相或是否符合標準，只會針對拉筋時我們的心念應該放在哪裡，從而讓不適的地方得到舒展。他經過長年累月的練習，不斷感受身體發給他的信息，來達致身心合一的狀態，有上過他瑜伽課的朋友一定深深體會到這個領悟。

所以對於一些提供身心靈服務的朋友，尤其是牽涉健康、療癒之類的，證書雖然是有了，但撫心自問，究竟自己投放了多少時間在相關的學習呢？真功夫固然重要，但展現出來的「賣相」又是否令人信服呢？Michael 仔身形精瘦，當然沒有肚腩，一身陽光氣息的膚色，加上矯健的身手，差不多任何高難度瑜伽動作都做得到。我曾經上過他的瑜伽堂，身邊參加的都是瑜伽老師，甚至是瑜伽中心的老闆。他雖然沒有了證書，但是跟他學習瑜伽的同行都知道，這小伙子不簡單，是有真材實料的。

所以學習真的不是為了證書，而謀生更加不能只靠證書啊！

沒有計劃就是最好的計劃

抵達墨西哥不久後，他便邂逅了現在的妻子Anna，還定居下來。不消數月便學得一口流利西班牙語之餘還能夠適應當地生活。這一切都不是他精心安排的，他當年就只是單純地買一張機票到墨西哥學習瑜伽而已，哪會想到人生彷彿一下子便開啟了另一扇窗。既有新生活，又找到人生的伴侶，這不就是很多人的夢想嗎？他常常掛在口邊的一句說話：沒有計劃就是最好的計劃，這不是口頭禪啊！他真的就這樣讓上天引領他走應走的路。

有時候我都會替他擔心，例如他剛抵埗不久便遺失了錢包，他都是笑着告訴我，然後不知怎地上天又會安排一位「天使」在當地給他援助。除了替他擔心之外，有時候聽他報告在墨西哥的生活，我更會看不過眼。例如，他的太太臨盆在即，有天他路過車行，竟然隨隨便便，便買了一部爬山電單車。他從墨西哥興高采烈地打電話給我，告訴我購買這部電單車的經過。待他說完我問：「你有電單車牌嗎？」他說沒有。我再問：「你懂得開電單車嗎？」他回答：「不懂，學便會懂！」　我登時語塞，除了祝福他幾句，我真的不知道要說什麼！

我們經常說，一切就讓宇宙、上天、神……安排，其實那一刻的

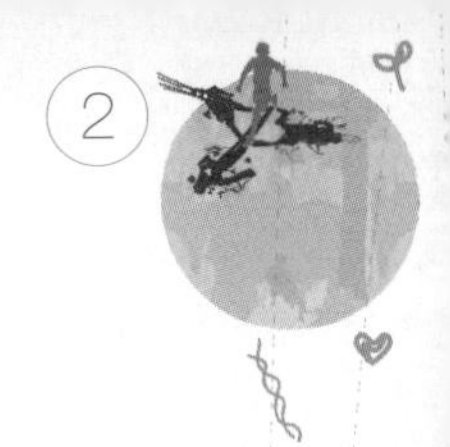

思想是處於怎樣的狀態呢？像黎曉陽那樣，買一張機票遠赴地球的另一邊，本想學習一套進階的瑜伽課程而已，哪想到最後竟然娶妻生子，還在異地落地生根。我相信他出發的那一刻，做夢也沒想到後續那麼多事情發生吧！但有一樣事情，我肯定他是知道的，就是他知道自己不知道。這個概念好像是他的靈性老師教他的，就是"Delete the need to know"，刪除知道的需要！

很吊詭吧！好玩之處就是不知道。我也曾嘗試這樣做，但是好奇心驅使，很快便告失敗，我就是很想知道下一步應該要怎樣部署。但我在嘗試的過程中發現，要在完全不知道下一步是如何的情況中行事，其實只要準備充足，便可以有底氣去接受未知的將來。這不就是謀事在人，成事在天嗎？但我深信Michael仔應該連準備這一部分也沒有做，而是，當那些上天安排的事情發生時，他會抱着不抗拒的態度接受一切，好的壞的，順着自己的心意來面對一切的發生。

從他的故事可以看到他的「心意」都是三個字：沒所謂。證書沒有了，沒所謂；錢包遺失了，沒所謂。還有他在墨西哥期間，其中一隻耳朵突然聾了，他也是說沒所謂，最終不知怎樣耳朵便痊癒了。但是我們一般人的生活，就是充斥着太多「有所謂」。開車時旁邊的車輛沒有打指揮燈便切線插隊，憤怒！幫別人拉門沒有得到答謝，不

滿！任何客戶服務不周到，投訴！而「有所謂」衍生的通常就是情緒，所以像他那麼「沒所謂」地做人，其實就是自在的第一步。

不為瑣碎事而煩惱，活在不知道的平常心。他就是這麼可愛，像天真無邪的小孩子，率性自然，想做便去做！或許旁人會覺得，這樣隨心任性過生活也可以嗎？既沒有長遠計劃亦沒有細心打算。原來真的是可以的，而且還很快樂！但大前提是要像 Michael 仔那樣，有一顆天真善良的心和堅實的信念，凡事都相信上天會有最適當的安排，無論是好是壞都一律接受。相信的程度不是百分之多少，而是百分之一百。那麼很多身心靈的概念例如顯化、共時性、吸引力法則等等才可以具體地活出來。他堅信生活上的遭遇，也會因為這樣的心態改變而變得更美好！

最好的計劃就是沒有計劃，又有幾人能做到？

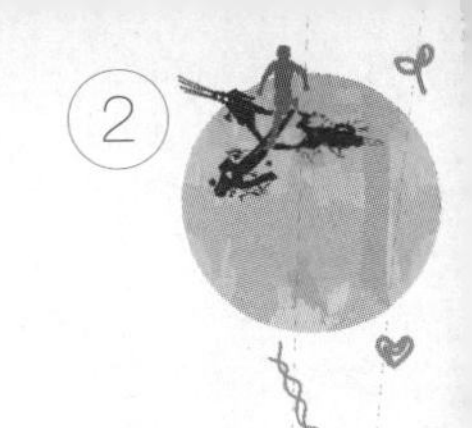

後記

想知道「Wellen Time」這個名字的由來嗎？Wellen 本身的中文名叫威麟。其實從 2016 年認識黎曉陽到 2019 年時，他都不知道我的中文名字，只是一直叫我的英文名 Simon。是的，Wellen 上半生其實是 Simon，不過現在已經很少人叫我 Simon 了，即使是老朋友也開始叫我 Wellen。

就在準備開台的半年前，有一天他突然問我的中文名字是什麼。當他知道的時候，便經常佻皮地 Wellen、Wellen 的叫我。其實會叫我威麟的只有家人和很要好的中學同學，當時聽着他這樣叫我也感到很親切，於是在決定頻道的名字時，便順理成章用了 Wellen 這個字了。而 Michael 仔建議再加上「Time」這個字，結合起來便是 Valentine（情人）的諧音了。之後再上網一查 Wellen 這個字的意思，原來在德文中解作「浪」，啊！是「浪的時間」，就是讓大家隨着「浪」即是 Wellen，帶大家到處遨遊吧。這個頻道便因此而命名了。還有，Wellen Time 第一首背景音樂和片尾歌，也是出自黎曉陽之手啊！

執筆之時，Michael 仔已經回到墨西哥忙着照顧初生的 Sunny 和太太 Anna。一邊寫他，一邊把自己的人生跟他的人生做對照，幻想如果自己回到像 Michael 現在的三十歲，我可以像他那麼瀟灑撇

脫嗎？想着想着，腦內便響起他的歌：I don't know,I don't know,I don't know……算吧，他的人生太刺激了，未必適合其他人。但勇於探索人生、接受新事物、對生命不斷抱着好奇的心態，這個我就知道一定要跟他學習！

3

精進的畫家菩薩
—— Paul Lung

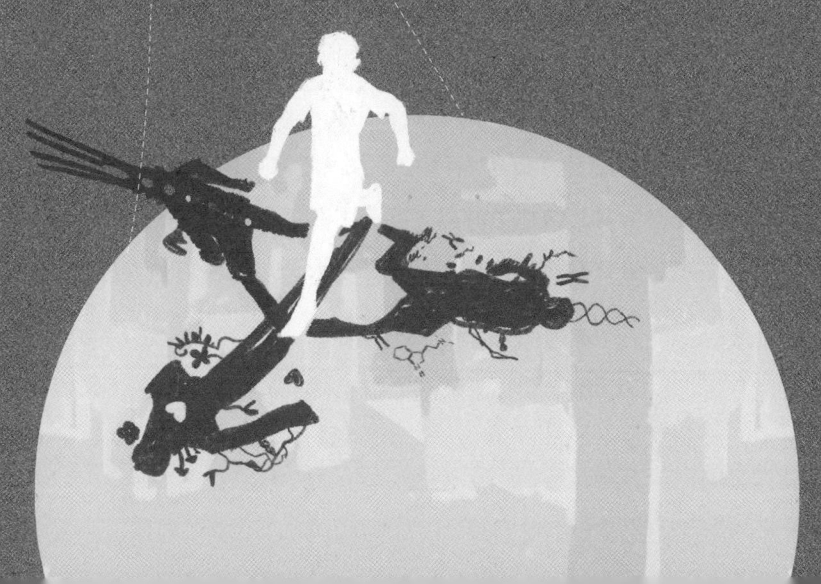

3

精進的畫家菩薩 —— Paul Lung

每個朋友圈都總會有一個「智多星」，就是無論你跟他傾談什麼議題，他都可以拋出大量你從來沒有聽過的資訊，從而令你會覺得，面前這位是「人肉維基」嗎？

忘記了是怎麼認識 Paul Lung 了，應該不是經小克就是夏永康的關係吧！但是我依稀記得，認識他的時候，Wellen Time 還沒有面世。

而阿 Paul 就是我朋友圈裡的那位「智多星」！

細心觀察，如實記錄

認識阿 Paul 的朋友都知道，他除了博學多才、知識淵博，其實最「聞名於世」的是他有「人肉影印機」般的畫畫技能。無論是鉛筆還是平板電腦的電子畫，他都可以畫得跟實物一模一樣。記得初初認識他的時候，交談不久，他便從袋中拿出他的 iPad，展示給我看他的畫作。很多都是人像、貓貓狗狗或佛像。

當時我一邊看一邊在心裡嘀咕：「相片來的，『光頭佬』不要

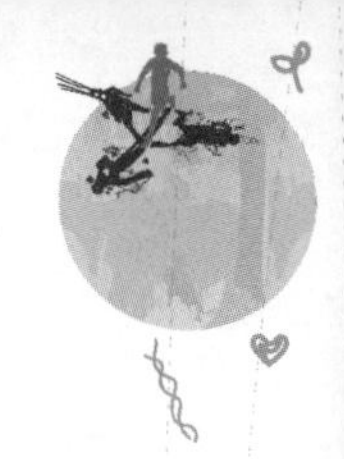

吹牛吹得那麼大吧！」直至他展示整個作畫的錄像和即場露一手的時候，我便知道人肉影印機真的不是浪得虛名，我簡直佩服得五體投地。他真的能夠用一支鉛芯筆，完完整整地把任何一幅相片的內容，沒有分別地畫出來，基本上跟影印機印出來的效果是一樣的。

後來我到他的畫室，看到他的鉛筆佛像畫真跡，簡直驚為天人。聽他說，每一幅佛像畫最少都要用一個月的時間才能完成。最恐怖的是，我看過他其中一幅佛像畫作，背景是黑色的。我以為他用黑色的畫紙，豈料他告訴我，黑色也是用鉛芯筆一筆一筆在白色的畫紙點出來的。如果你也有機會看到他的畫作真跡，相信也會像我當時一樣的表情：目定口呆。

除了講究像真度之外，他作畫還有一個原則，就是如果那張佛像相片的佛像本身是有瑕疵的，例如鼻子缺了一小塊，他也會如實地把這個瑕疵畫下來。因為畫畫的過程對他來說，就是要很純粹、如實地把所看到的記錄下來，不加任何批判或個人主觀感受。透過畫畫來體驗實相的觀察，也許便是他用來面對現實生活的一種鍛鍊吧！

這種細心觀察然後如實地記錄的鍛鍊，如果套用在現實生活，其實是很有趣。對於人事的處理，簡單點理解，就是把所有形容詞刪除，而當所有形容詞消失了，事情的實相便會清晰浮現。

最近我時常把這種觀察應用在人事那方面。例如有朋友一直沒有上班，也不積極找工作，終日無所事事。朋友或家人都埋怨他懶惰、不上進。但當我撇除那些對他的負面指責後，我開始感受到他的不安；感受到他因為年紀大了而缺乏市場競爭力的那種無力感；感受到他因經濟壓力而產生的恐懼；感受到他被別人指責的無奈。當我能夠跳出別人對他的形容時，我才能看到他的實際處境而不會落井下石。

前陣子參加了一個師友計劃，我要負責跟進幾位學員在YouTube拍片的事宜。見面的時候，我們也討論怎樣才可以做出一條好看又多人看的影片。聲、畫、動畫效果、剪接、吸引影片點擊的縮圖設計、社交平台大數據、宣傳……這些我們一一都討論過。但最後我還是告訴他們，這些通通都不是重點，做一條影片的核心就是內容和要發放的訊息。如果內容乏味和發放的訊息不良，而我們又花了很多精力和時間在其他周邊的事宜，再好的聲畫剪接宣傳其實也無補於事，即使很多人收看了，又有什麼意義呢？

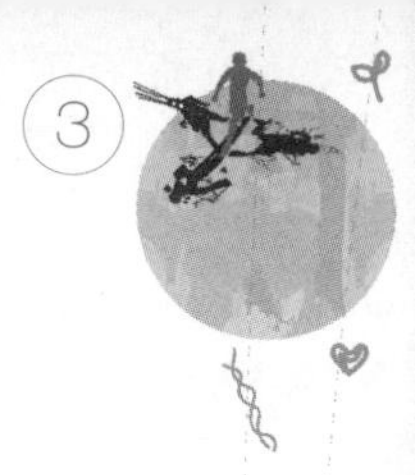

我們在日常生活中，很多時候都會因為周邊的事情，而影響我們認清事實的本質。能夠培養細心的觀察能力，如實地對本質作反應，對於我們做人做事其實都很有幫助，起碼不會走那麼多冤枉路和產生那麼多誤會。

精進的在家學佛人

這位智多星除了畫功了得，他對佛學亦很有研究。每次我們見面，我都會請教他一些艱深的佛理，而他總是知無不言、言無不盡地詳細解釋給我聽。直至 Wellen Time 頻道創立初期，流量少又沒有什麼知名度，除了黎曉陽，其實當時我並沒有太多門路可以找到合適的對象來做訪問，所以這位智多星朋友其實就是我的目標嘉賓。

但鑒於當時跟阿 Paul 還不太熟絡，心裡盤算很久才膽粗粗發了一個短訊邀約他做訪問。豈料他一口便答應，並替我構想了一個訪談題目，就是「人生的存在價值」。太好了，這個題目很身心靈啊！很切合我的頻道啊！於是便立即安排拍攝了。

阿 Paul 是繼黎曉陽之後的第二位嘉賓，而那次訪問亦是

Wellen Time 首個拍攝超過一個半小時的節目。由於當時經驗尚淺，拍了一個多小時的片，其實不知道應該要怎樣播放給觀眾觀看的。一條片播完還是分開數集推出好呢？當時我是傾向一條片的形式（一來不知道怎樣分章節，而最重要的就是可以節省時間，盡快出街），但是平常看的 YouTube 影片，一般最長都只不過是三十分鐘。連我自己也很少看一些一小時以上的片，那麼我出一條個半小時的訪問，會否違反市場喜好，最終沒有人看呢？

於是我只好問智多星的意見，當然我也透露了我的傾向。阿 Paul 給我的答覆就是：有一些主題並不是三言兩語便可以講得清楚，只要觀眾對題目有興趣、感覺跟自己是有關係的，其實他們是不介意花時間觀看長片的。他給我舉了很多例子，例如某某頻道的影片也是很長，但很受歡迎的。聽取了他的意見之後，我便埋首剪片了。

最終那次訪問是以這個姿態面世的：首先是沒有太多刪剪的完整訪問，片長一小時三十四分；之後分階段推出三條精華片段，時長分別為四十五秒、兩分十五秒及十一分五十二秒。

基本上，完整的那條片只有頭尾部分經過大概剪接，中間停頓思考位完全沒有剪輯；整個訪問只得一個鏡頭，沒有任何變化，而且畫面還是斜的、收音效果極之空曠，沒有作後期調教（因為不懂和不知道要調教的標準）、沒有字幕、背景音樂過大聲，而且只得一首（黎曉陽作品）不斷循環播放。

當然還有其他問題，實在罄竹難書。現在回看，這個訪問應該是一條幫助入睡的 YouTube 影片吧！我不是說節目內容沉悶，而是一個那麼長的訪問如果沒有剪接、單一畫面、節奏那麼慢、沒有字幕、收音差、背景音樂不斷大聲循環播放……這些通通都是造成影片低收視率的基本條件，我竟然全部有齊。但可能觀眾都體諒我經驗尚淺，而阿 Paul 所講的內容又實在太精彩，以上所有失誤都被一一包容了。很感恩，當年那條片推出後竟然錄得不俗的收視，而且留言反應亦非常熱烈（當然包括痛罵以上的問題）。直至今天，四條片的觀看次數已累積超過十萬了。

以上所有拍攝、後期製作出現的「蝦碌」（失誤），我是經過了一段頗長的時間才洞察得到。當然有些是經行內人指點，在隨後的拍攝逐步改善。但是上載了的 YouTube 片，音質和畫面是不能改變的，除非下架重新上載。但是早期開台，我當然捨不得

那些播放次數。我也有跟阿 Paul 提及該次拍攝的失誤，他只是笑着說，內容最重要，其他不打緊啊！

之後，每當我因為沒有嘉賓而發愁時，阿 Paul 總會像上天安排的使者，不知怎地就會出現在我面前，然後就義不容辭地幫我拍一集。在這四年間，相信阿 Paul 應該是出現在 Wellen Time 最多的嘉賓了（相信將來也會是）！而這四年間跟阿 Paul 所做的節目，很大部分都是探討佛學例如因果、業力、輪迴、佛像、手印……全部都很受觀眾歡迎！因為阿 Paul 很懂得運用生活例子來解釋艱深的佛理，往往很容易便令人意會到當中哲理的癥結。雖然他是光頭，但是以一個在家人的身份來分享佛學，其實更能夠讓觀眾產生共鳴。因為很多阿 Paul 經歷的困難、問題、疑惑……也是很多觀眾正在面對的。可能這就是他那麼受歡迎的原因吧！

在那麼多次訪問中，不知道大家有沒有留意到，阿 Paul 不止一次說，他這一生的修為太低了，還在學習中，希望今生完結後，再到西方極樂世界的淨土繼續修行。起初我總是覺得，不用那麼謙虛吧！你這樣也算是修為低？那麼我是什麼？但是這幾年跟他做了那麼多節目，我開始對他這個觀點有所改變了。

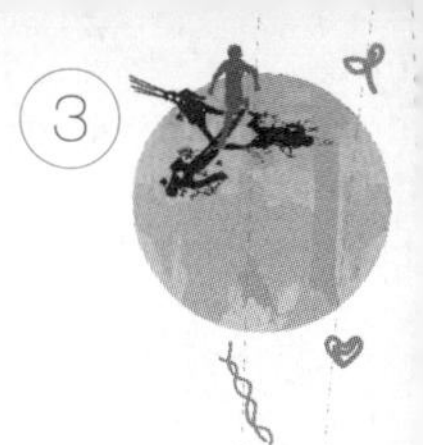

第一次跟他的拍攝是2020年，其實他那時剛剛開始深入地學佛不久。經過那麼多次的拍攝、討論佛學的不同範疇和嘉賓組合，相信無論是觀眾或者我作為一個主持，其實也是見證他不斷進步的。不只是佛學中的名相、故事、出處越來越熟悉，當中對佛理了解也越來越透徹。

我以前學佛（現在說出來也有點慚愧，根本說不上是學佛，只是看了幾本佛經而已）就最喜歡以佛學的名詞來唬嚇別人，什麼因果業力輪迴冤親債主⋯⋯在對話中放入大量佛學名詞，一副學佛人的模樣，懶理對方是否聽得明白，只唯恐別人不知道自己在學佛般。這種傲慢和無知的心態，現在回想，真的非常討厭兼膚淺！

最初認識阿Paul時，他已經不是我這種學佛人。只是偶爾在對話中不自覺地回到佛學的道路上而已，並不引人討厭。經過歲月的洗禮，無論是日常生活中的對話還是在節目的訪談，他開始自然地擺脫了那種學佛人的形象了。用詞遣字開始以一些貼地、生活的方式，來表達難明的佛理。要達到這個效果，必定是經過一番努力才能做到的。他的成功，或許也歸功於他跟了一個好師父，就是法忍法師。

積陰德

「智多星」除了畫畫和佛學了得，其實最值得欣賞的，是他很熱心幫助別人。雖然他在節目中說自己在四十六歲已決定退休，但是認識他這麼多年，經常看到他不是忙着幫朋友搞活動，就是幫某某策劃事宜。當然還有很多「法性講堂」和「慈山寺」的慈善活動，全部都不牽涉個人利益，有些還要自掏腰包，而且完事後更沒有向外宣告領功。

這種行善不為人知的，就叫做陰德，讓別人知道了的，就叫做陽善。我們這個社會，又有多少人行善後願意不讓別人知道呢？先不要說行善，有時候在職場上，我們可能自己暗地裡花了很多精力和時間，才把公司的事情做好，也總想找個機會，有意無意地讓別人知道自己的付出。

我以前還在做保險的時候，經常要做一些公司內部培訓的活動，例如搞講座、邀請嘉賓、安排膳食……做這些活動都是義務性質，所以很多時候都要犧牲個人時間去處理那些繁瑣的雜務。無論是跟老闆匯報有關進度或在大會中交代活動情況，我都會在

言語間透露自己付出了多少、有多辛苦……為了服務同事也在所不計。其實這些舉動背後都只有一個目的，就是告訴別人自己做了點事，希望大家知道是自己的功勞，當得到掌聲或別人讚賞的時候，自我感覺便良好了。

小時候經常在電視看到一些籌款節目，通常在螢光幕下面會打出捐款人的名字。有些只是王先生 $500、陳小姐 $1000，但有些是全名的。當然還有個別人士或機構，會在台上把一張巨型支票交予受惠機構，而主持亦會大聲朗讀捐款人的名字，然後一大班人拍照留念，場面好不熱鬧！

捐獻這個議題讓我想起周星馳在電影《國產凌凌漆》中的一場戲，就是商場裡德仔父子被劫匪槍殺後，阿漆（周星馳飾演）跟李香琴（袁詠儀飾演）說要一起做五百元帛金給德仔父子，但是因為那一刻他沒有錢，所以要李代他墊支，而任務完成後他會得到五百元酬金，到時再全數還給她。阿漆還強調，帛金是不會走數的。最後他還詢問，署名寫「無名氏」還是「有心人」好。

雖然只是電影橋段，但是當中的哲理發人深省。自己沒錢也要借錢做帛金以表一點心意已經是很高的情操，而還款更是靠自己

即將得到的微薄酬勞。當然最難能可貴的就是行善後不留痕跡，這又是何等的胸襟呢？

有時候，行了一點小善，幫了別人，真的很想告訴其他人的，那種不吐不快的感覺，真的很難忍。

或許你會說，宣揚自己行善可以收到鼓勵別人也行善的效果啊！是的，我深信有些人的出發點真的是這樣，但這樣做後被誤會領功的風險便很高了。所以我覺得，行善還是默默地低調做，功成而不居。到若干年後，別人還是會知道的。到時便自然會有人用各種方法表揚，例如寫書。那麼鼓勵別人行善的宣傳效果相信更大，用不着自己大鑼大鼓在各大社交媒體高聲呼喊了！在這裡跟阿 Paul 說一聲不好意思，把他的陰德變成陽善了。

阿 Paul 就是喜歡幫助別人，別人有求時，永不推搪。而且辦事能力高，總會把事情處理得很妥當。善巧地幫助別人、不推卸、不領功，這不就是菩薩嗎？他經常跟朋友說自己還不夠好，有很多地方需要改善，在修行的路上要再下一些苦功、死後要再到淨土去修行，其實阿 Paul 到這一刻為止已經做得很好了。我知道

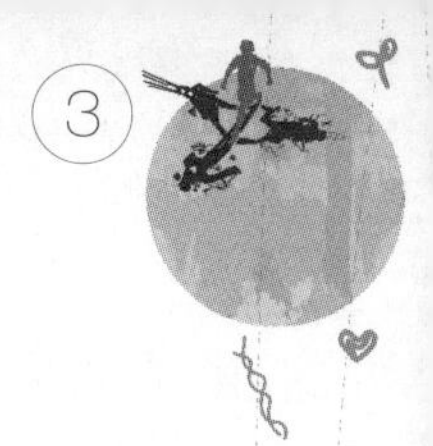

很多Wellen Time的觀眾都是在看完他的訪問後，去行善、學佛，解決了很多情緒問題和人際關係的死結。

我一向記性差，讀過的佛經多數是過眼雲煙，而僅有記得的，往往又不懂得怎樣跟生活對應。和他做節目多了，很多佛學用語都在不知不覺間記得了。如六度波羅蜜：布施、持戒、忍辱、精進、禪定、般若。這六度，我從來沒有留意它次序的重要性，只懂得死背（因為要準備向不懂的朋友炫耀）。經過這四年後，我終於明白，要得到無上的「智慧」（我知道般若是超越智慧的，OK OK！），第一步就是布施。在我跟阿Paul認識的過去十年裡面，他給我完美示範了第一步的重要性。之後的五度有沒有做、能否做到再說吧。起碼第一步已經可以利益眾生了，阿彌陀佛。

後記

阿 Paul 的作畫風格是鉛筆寫實畫（Pencil Realistic Drawing），在我心目中絕對是世界級的，相信很多看過他的畫作的朋友也會很同意。而主攻佛像又畫到好像他這個級數的畫家，似乎暫時還沒有看到一位接近的。他畫過的佛像大概有二三十尊，我有幸曾經觀賞過那些真跡。我曾經問他，何不舉辦一個畫展然後賣出那些畫作圖利？相信一定斬獲甚豐！對於我這個膚淺的提問，阿 Paul 只是淡淡然說，畫畫只是興趣，從未想過要從中獲利。即使是要出賣那些畫作，也只會用作慈善用途。

最近我終於有自己的工作室，正在忙着設計拍攝場景和單位中各種擺設。我想安放一尊彌勒佛佛像在工作室，於是便請教阿 Paul 在哪裡購買、怎樣安放、是否需要開光各種事宜。我得到的答覆竟然是，他會送我一幅彌勒佛鉛筆畫，真跡！什麼？那麼珍貴的畫他竟然送給我？之後他還陪我去購買佛像和其他相關物品。當然怎樣安放和開光的事宜他也幫我辦得妥妥當當！

這幅彌勒佛像畫或許會攝入 Wellen Time 節目的鏡頭中，希望大家看到彌勒佛慈祥歡喜的笑容之外，也感受到 Paul Lung 慷慨喜捨的胸襟和樂於助人的熱心吧！

4

理鳩吖

—— 梁栢堅

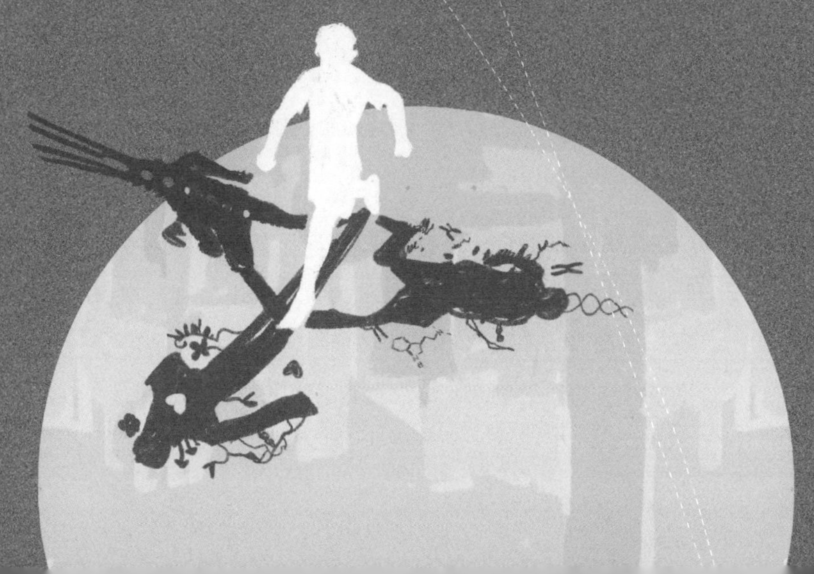

4 理鳩吖——梁栢堅

梁栢堅是香港著名的填詞人，出名填得快，歌詞抵死幽默。偶爾會在一些清談節目看到他拿着酒杯，參與對話不多，但每每一開口便一針見血，笑死觀眾沒命賠！跟他有一個很有趣，可能是前世種下的連結，就是在我們還沒認識時，他就寫過兩本書，一本叫《淩詞》，另一本叫《雷詞》，碰巧小弟姓淩，而太太姓雷。這麼巧合，注定今世我們要重逢做朋友了。

有一句說話是他經常會講，令我印象很深的，Paul Lung 稱之為「栢堅金句」，而這句說話也是我們朋友間，尤其是 Paul Lung 經常會討論它的可行性，就是：「理鳩吖！」這廣東話俗語，意思是懶得理會。這三個字看似很簡單，卻充滿人生哲理，讓我稍後慢慢告訴大家。

認識他應該也是 2016 至 2017 年左右的事吧（2016 年之後認識的朋友實在太多了），記得認識他之前是有一個序幕的。

我跟小克都是「士碌架迷」（即英式桌球 Snooker）。他很多時候從杭州回來，都會抽空跟我較量一下。有一次我們一邊打桌球一邊閑聊，不知道聊到什麼題目，我隨隨便便說了一句自小便學懂的阿伯式揭後語「隔夜燒賣」，廣東話意思即是「整定」（形

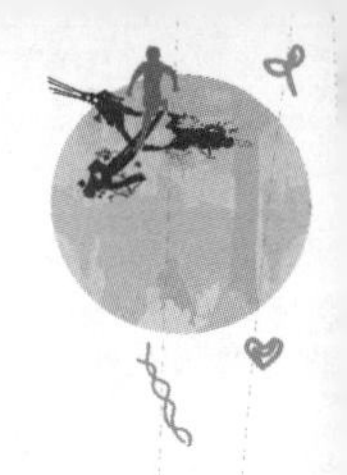

容很多事情的發生都是注定的)。這是我自小已經常常聽爸爸講的，以為只是一句很普通的揭後語，那知道小克聽後問我這句說話怎麼解，聽過解釋後他笑過不停，還說，一定要介紹一個人我認識，因為他跟我一樣「低能無聊」!其實我自小已經很喜歡搞笑(當然是自己以為很好笑的，其實不然)，講一些「爛 gag」引身邊的人發笑好像是我的任務，也不曾遇到類似「高手」。聽他這樣說，真的很想會一會這位跟我一樣「低能搞笑」的高人。

大娛樂家

最早跟梁栢堅見面又有記憶的場景，應該是在夏永康的舊工作室。而之前已經聽聞這位「PK」(栢堅的暱稱，也是廣東話俗語「仆街」的英文簡寫)是很搞笑的，說話尖酸刻薄，而且還「很串」的。其實「很串」也可以形容以前的 Wellen，因為自小我的態度也很差、囂張和目中無人，經常以取笑別人作為搞笑媒介，時常得罪別人而不自知。所以一個「很串」的人，遇上另一位「很串」的人，就好像杜汶澤遇上鄭中基、林夕遇上 Wyman、西門吹

雪遇上葉孤城，是否要比拼一番呢？所以當日那個聚會，我其實是有一點緊張的。

那知道這位「PK」，一開口竟然是那麼溫文有禮。跟他交談不久，發現這位傳說中「很串」的仁兄，說話有條不紊，對答還帶點誠懇，並不是傳說中那麼「串」啊！真是做朋友一流啊！可能我們年紀相若，興趣（抽煙喝酒講粗口賭馬打麻將）也很相近，跟他相識短短的片刻，已經有點相逢恨晚的感覺。他的搞笑本性和敏捷的思路，在對話中表露無遺。我在心裡讚嘆，真的一山還有一山高，佩服！但是，原來「很串」這項功能是隱藏和隨時候命的，只不過是否需要啟動，就視乎對象是誰了。

當晚的聚會有很多人，大家喝酒談天，氣氛好不熱鬧。直至有一位朋友的出現，他跟栢堅的對話，把當晚的開心指數推到頂峰。我不打算把對話內容詳細公開，因為牽涉很多名字、不雅用語和三級內容。但盡量形容他們對話之間的點滴給大家幻想一下吧！

首先形容一下這位朋友，就給他一個代號叫 GG 吧！他是一位很自我型的男同性戀者，很愛自誇自己如何如何。當晚他剛到來

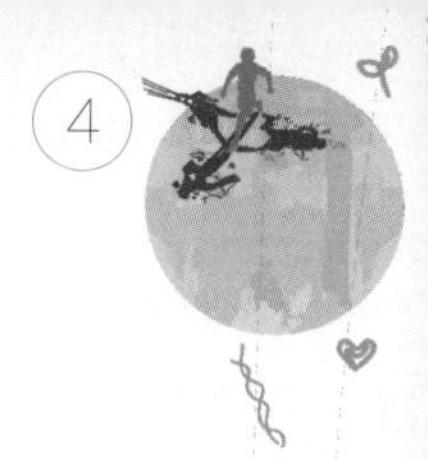

便積極爭取成為全場焦點，大談自己之前的「艷遇」、性經驗和擇偶條件的時候，栢堅出鞘了。

GG：「我最喜歡某某足球明星⋯⋯」

PK：「那麼朗拿度 X 你可以嗎？」

GG：「（唔制）不能！」

PK：「用個足球可以嗎？」

GG：「太硬了，我不喜歡。」

PK：「碧咸可以嗎？」

GG：「碧咸都不能。」

PK：「男同性戀者不是都很喜歡碧咸嗎？」

GG：「我們通常喜歡 X 長青的類型。」

全場大笑。

PK：「打開個麥包交合⋯⋯哈哈哈！」

GG 很認真地極力澄清：「是真的！是真的！」

PK：「椰絲奶油包嗎？⋯⋯那麼他本人是同性戀嗎？」

GG：「他不是，但是我們Gay的是很喜歡他這類型。」

PK：「為什麼？」

GG：「我們很喜歡bear bear型的。」

之後PK說了很多bear bear型的藝人名字我不便公開了，大家自己聯想吧。全場笑聲不絕。突然有人笑問GG:「梁栢堅呢？」PK不慌不忙地搶着說：「你𥄫飯應啦DLLM！」(「𥄫飯應」是廣東俗語，即把吃進嘴裡的飯也吐出來趕着應允，大多形容因條件極為吸引，不需多經思考便答應。至於DLLM？還是自己上網查吧！）GG帶點靦腆不置可否，繼續在一片叫囂聲中發表偉論。

其實當年栢堅也有少許bear bear型的。

之後他們倆把對話內容不斷升級，牽涉很多藝人名字，在虛實中互相拉扯，當中還有輕鬆的對罵，總之就是讓全場的人都笑翻了。整個對話彷彿就是PK在訪問GG，看似PK在愚弄他，但不知怎地，這個GG就是很享受，一丁點怒意也沒有。GG也蠻可愛的，玩得起又勇於表達自己，其實也很值得敬佩。之後PK和GG也試過出現在同一個場合，彼此也像普通朋友交談一樣，但當

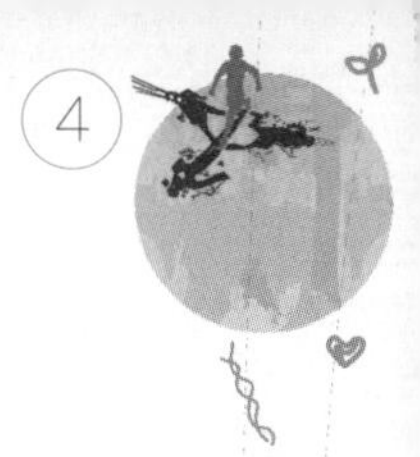

日如此 X 級的對話已經不復再了。

當晚我並沒有參與太多他們的對話，只是在旁陪笑和觀察了一整晚。心裡在想，PK 這個人真有趣，可以跟一位初次見面的陌生人進行如此 X 級對話，不斷地碰他的底線但又不會觸怒他，思路敏捷爽快，例子精準搞笑，我彷彿看到一位大娛樂家在表演棟篤笑，不禁暗暗佩服，自嘆不如。

之後不少飯局也看到他的個人表演，無論是有財有勢的大人物，還是囂張跋扈的無名小卒，只要態度不友善，他都會一一「招呼」。每次都游刃有餘，恰到好處。被「串」的也只能笑笑口無言以對。

自在人生

後來我們便越來越熟絡了，經常在不同飯局見面，每次也是不醉無歸。直到 2020 年我成立 Wellen Time 這個頻道，當然是很想邀請他擔任嘉賓。因為我看到栢堅是一個多麼自在的人，白天經常在沙灘流連喝酒，但又不是沒有工作在身，一個人怎麼可以活得這麼逍遙自在呢？每次跟他見面他總是笑面迎人，不曾感受過他有一絲低落的情緒。而且每個聚會只要有他存在，場面都總會是笑聲震天。

對於我的邀約，他也爽快答應。我知道他喜歡喝酒曬太陽，於是便相約於一個風和日麗的下午，在我家天台進行拍攝。我本準備了三瓶白葡萄酒，打算一邊拍攝一邊搖着酒杯，悠閒地完成一集訪談。但怎想到，在不到三個小時我們便喝光了那三瓶葡萄酒。所以不知道觀眾們有沒有察覺到，其實我倆在第二集中段已經醉了。

在這集「醉漢訪談」中，大家可以了解到，其實栢堅的前半生也像很多香港人一樣，讀大學然後找一份好工作，工餘去旅行消費，等升職加薪，然後退休終老。但當他意識到每個月那份人工，其實就好像毒品一樣令他揮之不去時，他開始對人生產生了很多問號，包括是否應該為了穩定的薪金，而放棄探索人生的其他可能性。

他曾經有一年時間離開工作十多年的環境，過着休閒沒正經事做的日子。偶爾填一份歌詞，然後喝喝酒，跟好友閑聊便一日

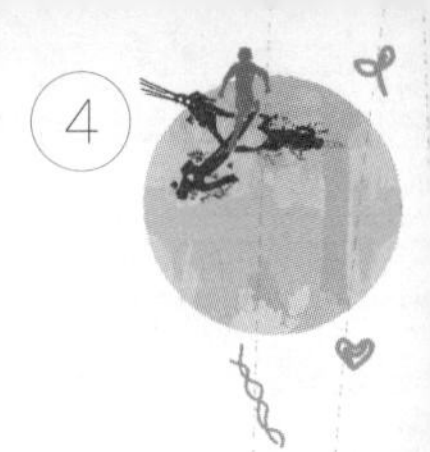

了。當要再回去朝九晚五的生涯時，他也曾有過雄心萬丈闖一番事業的心態。但過了不久，便很懷念那一年自由自在的時光了。

其實這也是很多人的寫照，為了穩定的收入維持生計，再偉大的理想也只可以放在一旁。我以前也經常夢想一朝發達，那麼我便可以做一些自己喜歡又無聊的事情，例如職業高爾夫球手。但生活的各種壓力往往會迫使你，連這些虛幻不實的念頭也打消。

當他重回上班一族生涯時，他試過下班後到朋友的餐廳免費做洗杯的工作。一邊洗杯，一邊看着流水把污穢物沖走，那一刻他反而感到很平靜很快樂，彷彿找到了真正的自己。

他每天上班最期待的，就是下班到這裡洗杯、喝喝酒，跟客人閑聊一下。在那段下班免費給別人洗杯的日子，他經常看着流水問自己，為什麼在中環受薪上班出電郵、開會、處理辦公室的事務會那麼不開心，在餐廳免費洗杯又會這麼快樂？人生不就是應該以快樂為基礎嗎？於是他不理會那麼多了，精心安排某個星期一的早上，向公司發一個辭職電郵。

但上天總會有更巧妙的安排，就在早一個星期五的下午，他收到人力資源部的通知，他將會被裁員。在香港被裁員，通常公司都要賠錢。對於這個安排，PK 深深感受到，上天其實已經知道他的心念是如何，一早已經為他安排好一個最完美的離職結局。他感到人生那需要理會那麼多東西，一切都以開心快樂為依歸，先做開心的事情吧！

話雖如此，我也問他，沒有了穩定的收入，不擔心經濟問題嗎？他也老實說，最初也有少許擔心的，但過了不久，不同的工作例如寫歌詞、舞台劇台詞、主持……竟然自動找上門，於是信心便一步一步建立起來。他確信上天是聽到每個人的心念的，只要心念一動，其他的配套都會在不知不覺間趨近，成真的那一刻就好像奇蹟一樣。

心念如何你的生命便如何，我以前只覺得是迷信，可能很多人也會有這個感覺，還會立即挑戰說，現在想明天中六合彩，為何不中？或者我要某女明星做我女朋友，怎麼沒有成真？經過這麼多年的學習，我也有一些自己的解釋，或許你不認同，但我相信的，就是因果。

就以普遍人都希望得到的金錢來討論吧！

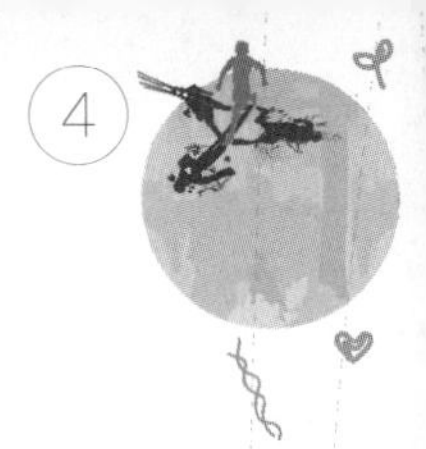

例如彩票，我以前經常都會買，希望可以一朝發達。但有一天我想通了，其實我做過什麼好事善事，上天要安排我在某個攪珠日，讓我一注獨中幾千萬彩金呢？這個純以人間物理，種瓜得瓜的邏輯自然是講不通的。於是便去到另一個層面，就是前世因今世果了。很多人今世就是什麼都沒有做過便贏得豐厚彩金，所以如果硬要去解釋這個幸運，就只有上世積的功德今世收成吧！

我經營這個頻道的其中一個心念就是，希望透過嘉賓的智慧，讓大眾可以在不同的範疇覺醒。會得到什麼回報完全拋諸腦後。不是說我很偉大，只是不敢想太多而已，因為經驗告訴我，利益出發而行事多數都會失敗。

對於因果報應，我不太考究前世今生那些了，現眼報或許比較容易觀察得到。我發現很多時候做了一些沒有回報的事情不久後，在另一些沒有關係的項目，又會出現一些意想不到的收穫（當然不是中彩票）。例如我跟嘉賓的訪問固然是不收費的，而且還會免費幫他們推廣有關服務。但過了不久，就會有一些會產生收入的工作突然出現。

表面看是完全沒有任何因果關係的，但我深信，這都是因為無

條件的付出後，上天以另一種方式給你創造回報。有了這個無形的因果關係信念，生活上所發生的事情便變得合理，而且對於一些沒有回報的工作，也可以做得樂意，亦會對於一些過分、超出自己所付出的回報例如中六合彩，沒有那麼渴求了。

所以，如果想得到最大的回報，心念的設定還是無條件的付出吧！但是當你有「想得到最大的回報」而所以「無條件的付出」的時候，是否又變得有條件呢？這又落入沒完沒了的死胡同了！

我也問過 PK 對因果、輪迴之類的看法，他是抱着什麼信念做人呢？他也答得真妙：「人生就好像一部智能電話，各個宗教彷彿就是一個 app。你下載了什麼 app，你的人生便會跟隨那個 app 走。有些人什麼宗教也沒有，即是什麼 app 也不用，死後便什麼也沒有了。他前半生可能什麼 app 也下載一下，了解了便把它刪除。基本上他連因果輪迴這些概念也刪除了。」就是這種「沒有概念羈絆」的概念，人生便可以那麼自在。

我又問他關於健康的問題，那麼愛喝酒抽煙，不害怕身體出毛病嗎？有沒有驗身？他笑笑口說了一個爛 gag：「我是『唔驗組』哈哈哈！」之後他一本正經地解釋說，他這樣喝酒，感覺很舒服很自在。他深信，感覺舒服自在，身體各個器官的內分泌自

然便會好。當身體真的有問題的時候，其實會有跡象讓你知道的，到時候便隨遇而安，隨心地減少或停止吧！這樣對待身體的態度，相信很多人是不能接受的。但是他強調，這樣令他很自在，而自在是很重要的，因為他不願意被任何思想框架羈押自己的精神狀態。

最後我問他，怎樣可以像他那麼自在？

「先找出什麼令自己不自在，然後遠離那些不自在，自然自在！」

我寫了栢堅那麼多，講到他好像很「串」，對人生又好像愛理不理，又不愛惜自己身體……他會生氣嗎？就讓我代他回答吧：「理鳩吖」！

後記

自從栢堅婚後移居台灣後，我們已經很少見面了。每次他回來都總會抓緊機會跟他一聚。不知是年紀大了還是婚後太太調教得宜，他整個人的氣場都改變了不少，當然是好的那一面。他以前也是經常笑面迎人，但現在竟然多了一份慈祥友善的感覺。

前陣子，他從台灣回港，碰巧小克也因公事回來了，於是我們一班朋友當然相約一聚。因為這兩位朋友較少在香港，所以大家都很渴望聽聽他們的近況和未來動向。雖然栢堅變得慈祥友善，但仍然不失當年的風趣搞笑幽默，思路依然那麼敏捷。

當晚我好像當年第一次跟他見面一樣，只是坐在一旁聆聽和陪笑。現在想起來終於明白，原來杜汶澤跟鄭中基可以是很好的朋友；林夕和 Wyman 也可以互相欣賞；西門吹雪和葉孤城彼此惺惺相惜。兩個很串很多嘴的人走在一起，不一定要互相比拼。

我從他身上除了學到「理鳩吖」之外，原來我選擇少說話多聆聽，是更能夠令我進入別人的思想世界，從而令我更加了解自己。聽起來很不合邏輯吧：「進入別人的思想世界，了解自己更多！」當有一天，你懂得不插嘴、不打斷別人說話、不再滔滔不絕自說自話的時候，你便會明白我說什麼了！

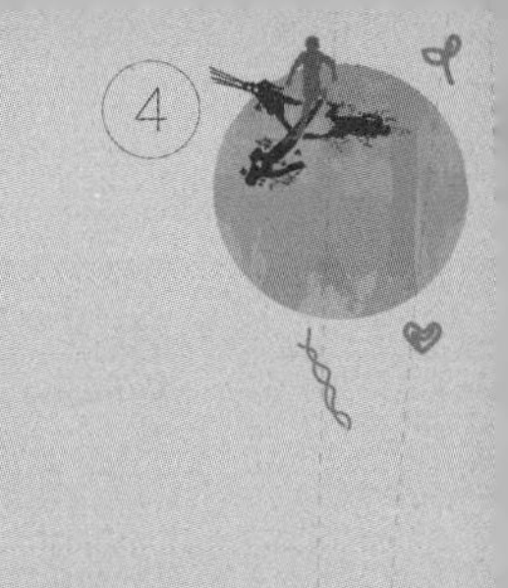

5

It's all about 意志

—— MC 仁

5

It's all about 意志—— MC 仁

MC 仁是香港殿堂級 Hip Hop 樂隊 LMF 其中一位主音，更是一名塗鴉藝術家、修西藏密宗、研究神秘學和香港文化……這些都是我在訪問他之前，在網上找得到有關 MC 仁的描述。而認識他之前，我對他的認知並不是這樣的。

我自小聽的音樂都是廣東流行曲，就是譚詠麟、張國榮、陳百強、四大天王，之後陳奕迅、周杰倫……黎曉陽，對於 Hip Hop 的 Rap 歌都不太懂得欣賞，但 LMF 這個樂隊名字當然是聽過的。他們好像有很多人，歌路以 Rap 風格為主，還有很多粗口。不過對於當中的成員，我搞不清誰是誰了，因為久不久就會有人加入或離去。但我依稀知道一個名字跟 LMF 很有關係，那就是 MC 仁！

當年對他們的印象，就是一班會唱粗口 Rap 歌的 Band 仔而已，應該沒有什麼學識修養。這種錯到不行、膚淺沒有深度的主觀偏見，直到我第一次跟 MC 仁見面後便徹底改觀。現在想起來真的感到很慚愧！

頌缽聲頻浴

第一次跟阿仁見面應該是 2017 年在夏永康的舊工作室吧。

當然又是一些十多人的聚會，這裡三四個閒聊，那邊四五個摸着酒杯高談闊論，好不熱鬧！但是「傳聞中」（我自己建構出來的）的 MC 仁還沒有出現。

在阿仁到來之前，我一直在心裡盤算，究竟他是一個怎麼樣的人？會不會很串呢？聽講他是修密宗的，要不要跟他談佛偈？我喝過死藤水，要不要裝扮得很覺醒很身心靈的模樣呢？LMF 的歌我好像不太熟悉啊……他那麼出名，可能未必想跟我交談……越想越無謂，越想越忐忑。為什麼我會為一個我不認識的人那麼緊張呢？不知道胡思亂想了多久，門鈴突然響起，阿仁到了。

眾人都不期然靜下來，焦點一下子集中到他進來的方向。

第一眼看到 MC 仁的真身，心裡湧出無數個問號：Hip Hop Band 仔不是應該打扮得很 Hip Hop 很前衛嗎？眼前這個 Rapper 一頭銀白髮，鬢了一條長及腰的馬尾，身披西藏喇嘛服飾、蔡瀾和尚袋、踢着人字拖，而且慈眉善目，笑容滿面，跟我自己建構的形象反差很大啊！他一進來便很有禮貌地逐一向我們打招呼，而主人家夏永康更向他逐一介紹我們。

介紹完畢，先前各自的「小組討論」也結束了。當阿仁坐下來，大家都很自然地靠過來圍着聽他說什麼。外星人、陰謀論、佛學、修行、電影、藝術……天南地北無所不談，而且他所講的，並不是膚淺的人云亦云，而是很深入有細節的剖析。例如他分享自己在西藏修行的經歷（幽閉訓練，詳細我不便多談，總之要在漆黑一片的山洞裡獨自渡過一段頗長的日子，糧水自備，未到出關時，不得離開），聽得我們津津樂道。不知道談到什麼話題，他突然拿出一個西藏頌缽，向我們介紹他近幾年的研究心得。

原來他花了很長的時間研究頌缽所發出的音頻，有看過我們關於聲音藝術那集訪問的朋友應該記得，他是會記錄每個頌缽發出的音頻，然後研究怎樣配搭不同的頌缽、磨擦的力度、速度甚至角度，再配合他發出的喉音，從而會產生什麼效果，全部都以科學數據作為依歸。他曾經在後來的一個頌缽聲頻浴跟我們說，他即將要玩一次讓我們發熱出汗的聲頻浴，叫大家要有心理準備。結果那四十五分鐘的聲頻浴，大家果然聽到大汗淋漓。

當晚他逐一為我們做了一個音頻體驗，就是把那個頭顱般大的頌缽蓋在頭頂，眼睛是看到頌缽的內部，跟着輕敲它一下，那個頌缽便會發出低沉的震頻。然後阿仁就會對着體驗者的後腦發出綿綿不絕的喉音，歷時大概十分鐘。

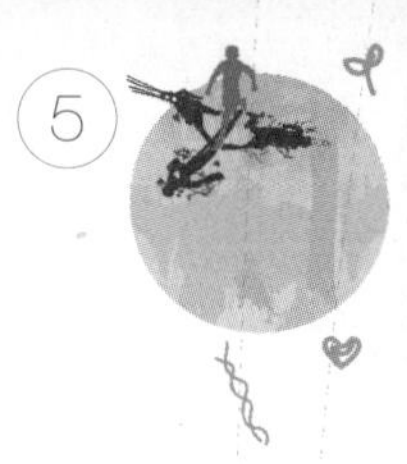

最初這個體驗都是在大廳進行的。經過五六位朋友的體驗之後，阿仁提議不如到廁所裡面嘗試，因為有回音的空間可能會令效果更佳，於是我便九秒九舉手搶先報名。

不得了啊！阿仁在我頭頂輕敲那個頌鉢的一刻，我瞬間便進入了一個異常平靜的氛圍，而那個頌鉢所發出的低頻聲音，更令我恍似置身於無限虛空之中。然後當阿仁發出綿綿喉音時，我身處漆黑一片的環境裡，腦內竟然出現很多光影畫面，有些是熟悉的，有些很陌生。雖然只是短短十分鐘，但就好像經歷了很久一樣，時間彷彿停頓了，感覺多麼像喝了死藤水啊！

經歷完這麼震撼的體驗後，我坐在一旁沉思，原來 MC 仁是這麼厲害的，博聞強記，兼且做事絕不苟且，這麼簡單的頌鉢也被他玩得出神入化，真的有眼不識泰山，之前對他的不屑印象一掃而空了。

拍攝失誤

2017 年起之後幾年，我久不久都會見到阿仁。很多時候都是在他所舉辦的一些免費頌鉢音頻浴體驗，有幸很多時候都能夠參與其中。每次見面我都會爭取機會詢問他一些有關學佛修行的問題，而阿仁都會很詳細地告訴我的。直到 2022 年 Wellen Time 開台的第二年，我便鼓起勇氣邀請阿仁做我其中一集的嘉賓。經過反覆思量之後，我提議主題為「修行」，阿仁一口便應承了。

拍攝當日，我既興奮又緊張。因為嘉賓是 MC 仁啊！講的題目又那麼有深度，不知道自己是否能應付得來。而且出外拍攝的經驗尚淺，很多技術性的問題，當時其實還是掌握得不太好。於是我便帶着戰戰兢兢的心情出發去阿仁的工作室。

當我踏入他的工作室時，發現除了他本人之外，原來還有很多「觀眾」。有些是他的助手，有些是他的好友。再加上我和夏導及一班朋友（其實都是阿仁的粉絲），現場應該有十五六人。當時我心跳加速手心冒汗，雖然之前已經跟他見過很多次面，但這次是要做訪問，而且還有那麼多觀眾，確實跟平時閑談很不一樣。

訪問當晚，嘉賓表現固然是一百分，而我就給自己打三十分吧！因為訪問經驗尚淺，所以問的問題不是很到位。慶幸阿仁本

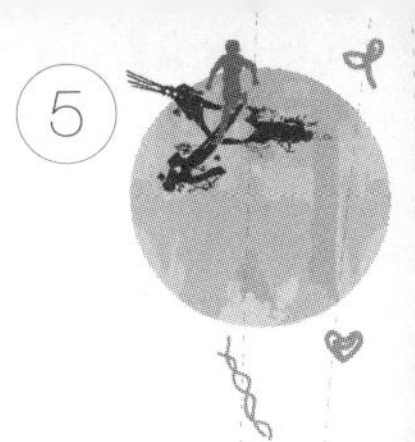

身好像開啟了自動導航一樣，在我沒有質素的問題之上自由發揮，把很多修行和佛學觀點清楚闡述，整體尚算是流暢，但最扣分的事情是什麼呢？

當「以為」一切準備就緒，我便展開訪問了。由於阿仁的分享實在太精彩和詳盡，經過個多小時之後，還有很多話題未及分享。因此我們便稍作休息，之後再拍攝第二集。

第一集完結後當然要關上各個拍攝器材，正當我準備整理收音設備時，才發現原來收音的錄音機一直沒有開着，還在待機狀態。那便代表剛剛一小時多的節目，並沒有妥善收音。大家要知道，一個訪談節目，收音是很重要的。當日我是用電話拍攝的，如果最終要用電話收回來的聲音，不是不可，但後期可能要花很多功夫，效果也未必會很好。你可以想像到我那一刻的感受嗎？我感覺到我的臉應該是一陣紫一陣青，心跳接近停頓了，麻痺感覺由指尖直達全身，臉部近耳朵位置瞬間發熱。

我看着那些收音設備在發呆，不斷在心裡自責，那麼好的訪問，收音竟然那麼差，辜負了嘉賓之餘，也愧對觀眾啊！正當我在煩惱不堪之際，夏導走過來給我遞上一杯紅酒，我輕聲向他匯報收音出了問題。他呷啖酒然後很冷靜地跟我說，不打緊，第一集回去慢慢處理吧，接下來的第二集準備好一些便可！我也喝啖酒定一定驚，然後長長呼出一口氣，好的，反正已成事實，發愁對事情也沒有幫助。於是便收拾不安的心情，把收音設備整理一下，重複測試，確保收音正常後，準備再次拍攝。

第二集順利完成，收音一流。

回家剪片後，第一集的確是要用電話收回來的聲音，但慶幸第二集就完全沒有問題。我已盡我所能把第一集的聲音檔調校到最清晰的狀態。但由於收音距離太遠，空曠感和雜音還是難以處理的。所以會有些像在水底說話般的情況，令到某些內容較難聽得清楚。但醜婦終須見家翁，那條片出街之前我發了一個短訊給阿仁解釋和致歉，得到的回覆竟然是：「OKOK Good!」我登時放下心頭大石，多謝阿仁！

何謂修行

執筆之時檢視一下兩集的收視，原來加起來差不多有四十多萬了。很明顯，嘉賓和內容這兩大元素已經凌駕了所有影片技術

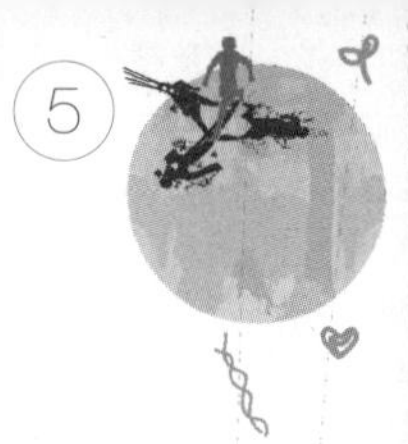

上的失誤，真的非常感謝阿仁和觀眾的包容。而這兩集所引起的關注，實在非我意料之中。你會在留言區看到，有些人覺得MC仁高深莫測，就一些道理的解釋，並非像坊間的一般見識。

對於修行的定義，他在第一集就以不同的角度和比喻詳細分析過。例如，我們每次為某一事物有感覺時，不要即時作出反應，而是先作出思辨，思辨的過程便是所謂的修行。而修行就是讓自己看清真正的自己，對於日常生活中的每個行為，也能夠作出更好的選擇。

我以前對於修行的定義總是模糊不清的。經常會問別人打坐是修行嗎？願意吃苦是修行嗎？行善是修行嗎？到後來書看多了，經常看到別人說，修行就是修正自己的行為。這個差不多是單憑字面解釋，去意譯「修行」這兩個字，當時我也全盤接受，而且經常掛在口邊，直到最近我才有更深的體會。

其實修行也就是修心。我們所有行為都是由心所支配。那個心並非指心臟，也不是腦袋的邏輯思維，而是我們的內心深處，有一個會產生念頭的自動機制。會產生什麼念頭，某程度上都是由我們的習慣（今世）或者習氣（累世）所支配的。

阿仁說對於感覺不要即時作出反應，而是作出思辨，思辨的過程便是所謂的修行。例如，有人不小心碰到你，你的手機因此而掉在地上。千鈞一髮之際，你的慣性反應會首先跑出來，如果沒有修行根基，或者簡單點說，沒有修養，可能會即時破口大罵（我以前便是這樣）。但是如果能夠在這一瞬間，停一停作出思辨，可能便會看到：他也是無心的、自己其實也有責任留意路上情況、破口大罵可能會引起激烈的爭執繼而動武、今天真倒楣、可能是前世欠他的今世要還……還有無數那麼多情況，都可以在那一瞬間出現，而出現什麼思辨項目然後作出怎麼樣的行為，便反映自己是一個怎麼樣的人了。這個過程如果能夠覺察到自己的起心動念，「心」便有機會被修正了。

那麼怎樣才能夠培養自己，可以覺察到起心動念呢？不就是打坐嗎？打坐的時候不像被別人碰到的一剎那，我們是有足夠的時間讓我們慢慢觀察每一個念頭的。吸氣我知道，呼氣我也知道。在下一個吸氣的時候，覺察到有一個念頭進來我也知道。透過這樣細密的觀察訓練，當面對日常生活千鈞一髮的那一剎那時，時間彷彿拉長了，也不急於作出反應，這樣便有足夠空間讓自己思辨，從而作出更好的行為選擇。所以這幾年我已經很少在開車時，跟其他道路使用者對罵了，哈哈！

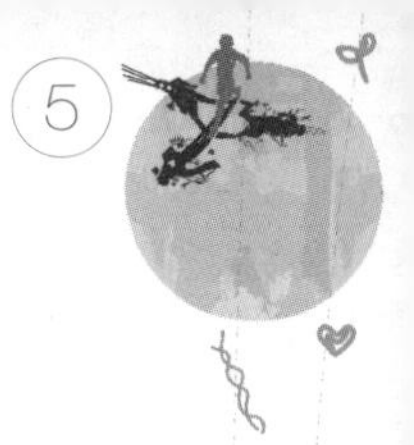

這些都是我透過打坐後得出的經驗之談，雖然膚淺，但對於修心，我覺得是很有幫助的。

修行人形象

在每一條有 MC 仁的影片中，你也會看到很多罵他的留言，說他粗言穢語，講話瘋瘋癲癲，不像修行人。這些觀眾也像我當年一樣，只看到他某一方面，繼而自己聯想到很多形象。不難明白觀眾為何有這些想法，而且阿仁的表達方式，並不是每個人都可以接受。

但其實修行人要有一個形象嗎？

以貌取人也許是普遍現象吧！我以前也是這樣的。還在做保險的時候，因為經常要與陌生人會面，第一次見面時，很自然都會以對方的外貌來估計他的性格，從而部署銷售的策略。同時間，自己也會打扮得「專業」一點，讓客戶留下良好印象。以前也經常參加一些身心靈、成功秘訣或勵志人生的講座，講者一般都予人很身心靈、成功和勵志的形象。還有在媒體看到的宗教團體代

表、明星、出名的專業人士、富豪……很多都包裝得很正氣。可惜道貌岸然，暗地裡還是作奸犯科偷呃拐騙。我不打算舉任何例子了，相信大家一定曾經遇過或者從不同的媒體得悉。

相反說話瘋瘋癲癲就不是修行人嗎？歷史不就有一位濟公活佛，言語詼諧、衣衫襤褸，行為古古怪怪，但一生濟世為懷，以精湛的醫術普渡眾生嗎？

自從 2017 年認識 MC 仁以來，尤其是疫情那幾年，大家都不好過，不是情緒低落，便是失眠難以入睡。可能因為這個原因，阿仁多次安排一些免費的頌缽聲頻浴為大家減壓，而且每次都會以其喉音逐一為每位參加者作聲音療癒。完結後他還會留下來回答參加者各方面的問題，他都來者不拒，詳細解答。很多參加者包括我在那段難捱的日子裡，都是因為他安排的這些活動而得到片刻心靈慰藉。這些活動往往一做便是三四小時，他從不抱怨疲倦，只希望下一次能夠在更好的地方為大家再提供一次聲頻浴。

所以要評定一個人是否修行人，還是不要看他的外貌形象，而是看他做了什麼實事吧！

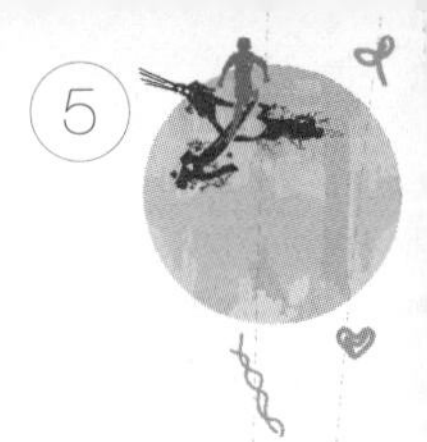

之後我也再有邀請阿仁做我的嘉賓，而且還有Paul Lung和梁栢堅坐鎮。那兩集都是關於覺醒和修行。而阿Paul對於佛學的演繹，跟阿仁的方式是有分別的。兩位雖然沒有唇槍舌劍，但相映成趣，火花不絕。當然有梁栢堅就自然充滿歡笑聲啦！那次的訪問，已經沒有第一次的失誤了。而訪問技巧我也自覺進步了不少。嘉賓依舊一百分，這次我就給自己打六十分吧！

意志

隨後的日子偶爾都會跟阿仁吃飯見面，也做了兩集節目分享聲音藝術。不記得是哪一次的聚會，席間天南地北，講修行、佛學、人工智能、未來世界……其實大部分時間都是我們在聽，因為大家都很喜歡聽阿仁分享。當晚我不斷問關於打坐冥想的問題，他也講了很多，但以下對話是我最深刻的（可能有錯，阿仁不要介意）。

我：「打坐怎樣才可以入定？」

仁：「你想進入初定？首先，如果你的眼珠和眼皮，可以完全不動地看着一點，能夠堅持半個小時以上才說吧！」

我們眾人立即嘗試瞪大眼睛，看着一點，不消數秒已感覺眼睛乾涸，眨過不停了！我：「怎麼可能做得到？」

仁：「It's all about『意志』！」

他隨即拿起一張紙巾然後說：「拿穩，那張紙巾是不會跌下來的。你一鬆手，它便跌下來了！」我看着紙巾掉下來的一刻，彷彿略有所悟。

阿仁很喜歡用比喻的，聽者往往需要花一點時間，才能夠明白箇中道理。

「It's all about 意志」這句看似陳腔濫調的說話，竟然在之後的數天，不斷在我腦海中重複播放着。看似很簡單的一句說話，卻讓我思潮起伏，激起很多回想。

以前無論什麼事情，我也喜歡說「做得到」、「一定得」、「發誓一定做」，但最終很多都做不到或有頭沒尾無疾而終。好像喝酒都喝了幾十年了，喝到身體出現毛病（痛風經常發作）都要繼續喝。其實我都知道是需要停止的，但就是不知多少個晚上，夜闌人靜的時候，正是開酒的最好時辰。喝了兩杯酒意漸濃，便開始情緒高漲，然後對着酒杯誓願，乾了這一杯便以後不再碰酒精了。每次都總是帶着激情和希望入睡，但是睡醒過來就已把昨晚的誓言忘記得一乾二淨。一到夜晚又再把持不住，開酒、喝醉、誓願，重演昨天的那一幕。跟家人或朋友也經常許下這些沒有兌現的承諾。那時候的人生，每天都在慾望和自律之間徘徊，或者用輪迴來形容更加適合。

「It's all about 意志」這句說話啟發了我很多，不單止運用在打坐，而是做人做事的態度。就如那張輕飄飄的紙巾，只要我們沒有意志去拿穩，那怕只是一丁點的意志，它便會輕易地掉下來。意志每一刻都在決定我們的行為是怎樣，想堅持做某事情（例如每天運動），腦海就會有無限個理由叫你休息放棄；想放下執迷（例如酗酒），誘惑的聲音又會在耳邊響起，讓你繼續沉淪下去。

我明白亦執行過「沉迷或放棄，亦無可不可」（《我的快樂時代歌詞》陳奕迅），是的，兩者都可以，沒有對與錯。但是當覺察到自己在沉迷或放棄時，要選擇繼續還是向另一個方向思考，

這便是意志的考驗了，也是自己確認什麼是對錯的時刻。而這個心理活動，不就是之前也提及過，對於感覺不要作出即時反應，而是先作思辨，思辨的過程便是所謂的修行了。

執筆之時我已經沒有喝酒很久了，我終於選擇了把意志放在「放棄喝酒帶來快感的慾望」那邊。不知道這意志能把持多久（給自己後路通常都是意志動搖的先兆，哈哈），或許，根本不用刻意去堅持。就像阿仁曾經在訪問中也說過，守戒就是刻意去改生活某些習慣，當那個戒已變成另一個生活習慣時，你也沒必要天天提醒自己在守戒了。人生有很多時刻都要在堅持和放棄之間作出抉擇，堅持得到不要自滿輕率，選擇放棄也不要愧疚自責，能夠覺知要在兩者之間遊走鍛鍊，對於修行已經很有幫助了。

至於現在我打坐時，眼珠和眼皮還有沒有動呢？有機會見面我便告訴你。

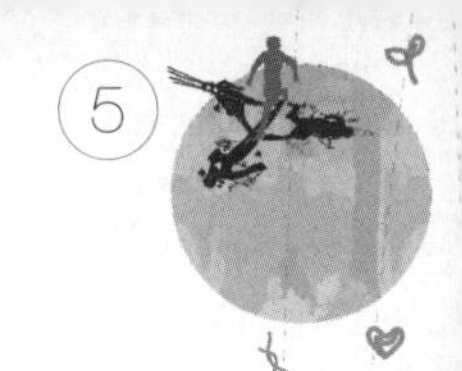
5

後記

每次跟阿仁見面，互相問候之後，他總會問我最近有沒有在學習或者練習什麼。阿仁總是苦口婆心地說，看到我和身邊的朋友都已經踏上身心靈這條路，就不要再浪費時間在一些無謂的玩意，何不正正經經找一個老師，有系統地學習修行。花幾年時間，專心學習一門心法也好、技能也好，把自己的心修好，便可以應付將來變幻莫測的世界。

最初我不太明白他所指的練習是什麼和為了什麼。但經過多番的交談，我自己的領悟就是，這個世界荒誕事情天天有，日日新，我們控制不了外在環境，可控的就只有我們的內心。然而要控制內心是需要適當練習的，內心怎樣，你的外在世界便怎樣，這是我一直都相信的。

修行即修心，要怎樣跟外境互動，起情緒還是心如止水、選擇愛抑或恐懼、貪圖富貴還是利益眾生……凡此種種都可以透過不同的練習讓你看到真相，從而建構一個相應的世界。至於什麼是練習、怎樣修行，是自己找還是它找你，一切都留待上天安排吧！

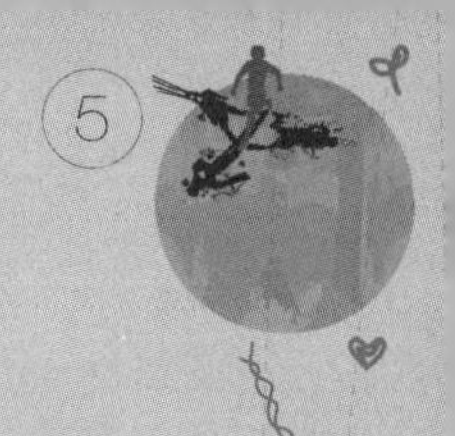

信念強人

—— 周兆祥

6 信念強人——周兆祥

小時候已經聽聞香港有一個「傻佬」，吃素的、喜歡赤足走路、踏單車上班、家裡沒有冷氣、傢具是二手或執拾回來的、廁所沒有廁紙……過着極簡樸和基本的生活。隨着年紀漸大，了解多了一些另類生活，開始知道這個「傻佬」並不是傻的，只是比一般人走得前而已。他便是人稱「祥哥」的周兆祥博士。

去到2022年尾，Wellen Time頻道已經開始成熟了。之前也訪問了幾位香港人熟悉的嘉賓，身心靈平台的形象亦已漸漸建立起來，當然仍有很多範疇尚未涉獵到。所以我經常都會思考要找什麼嘉賓、講什麼題目。也很感謝有很多朋友給我建議訪問對象，通常我都只是說聲多謝，然後便沒有跟進。

但已經不只一次有人提議我訪問祥哥了。起初我都是不太理會，總是覺得這位老人家有多身心靈呢？雖然我知道他不是「傻佬」，但只是過着簡樸的生活，有什麼可以分享？我又再次故態復萌，總是在自己的幻想裡去建構別人的形象。然而上天是不會放棄的，不同朋友在不同場合都曾向我提及「周兆祥」這個名字，於是我便嘗試上網搜尋有關祥哥的資料，了解一下為什麼那麼多人都推薦他。

神奇的事情發生了。我只是有「想了解他多一點」的念頭，在

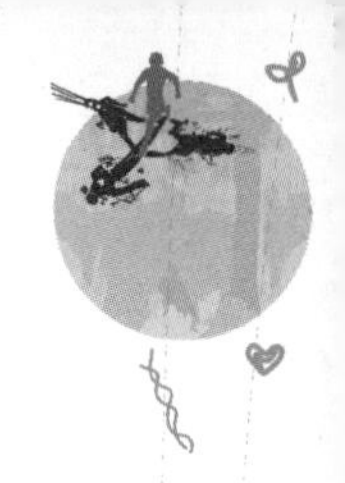

我從網上做資料蒐集的翌日，我便收到綠野林（祥哥的公司）員工 Vicky 的訊息，詢問我是否有興趣訪問祥哥，分享關於飲食和癌症的醫治方案。而我昨天就正正在看他講解關於食生的功效和癌症是不用醫治（我沒有寫錯，他真的是說癌症是不用醫的，稍後解釋）的影片，這種共時性太準確到位了，我怎能不一口答應呢？

於是我便跟 Vicky 安排訪問時間，拍攝地點是在祥哥大埔野鴿居的家。夏導得悉我要訪問周兆祥，竟然自動請纓要到現場幫忙打點。疫情期間夏導空閒時間很多，他也喜歡趁機認識另類奇人。

疾病是不用醫治的

拍攝當日是 2022 年 12 月 29 日，應該是「疫情」最嚴重的時候。我和夏導到達野鴿居門口時，便看到祥哥赤着腳跑出來迎接我們。這是我跟他第一次見面。看着這個膚色黝黑的老人家，雙目炯炯有神，腰板挺直，健步如飛，一見到我們便笑得像一個天真爛漫的小孩子一樣，笑笑口說：「這裡不用戴口罩！」

其實訪問之前，我只是做了一些基本資料蒐集作準備，祥哥是怎樣的一個人，其實我不太清楚。他一見面就這樣宣佈不用戴口

單，正合我的心意。心裡在想，這位老人家的思想真開放，相信訪談時應該會充滿火花。

但事實豈止火花那麼簡單，簡直是爆炸性。訪談開始不久，祥哥便為節目起了一個標題：「癌症是不用醫治的，所有疾病都不用醫治的。」什麼？不用醫治？這種違反常理的言論，發展下去會是怎樣呢？我看到夏導在鏡頭後嘴角微笑，輕輕拍掌，表示相當佩服。而我心裡就感到非常興奮和期待，知道這位老人家不簡單，應該即將要打破世俗很多觀點了。結果他當然沒有讓大家失望，而且很多觀點都超出了我的想像。我不打算在這裡重複節目的內容，大家有空便到我的頻道重看祥哥精彩的解釋。我隨便抽幾個觀點讓大家感受一下吧！

1. 所有疾病都是性格造成的，改了性格便會不藥而癒。

2. 人生其中一樣不要做的事情就是「身體檢查」。

3. 癌症病人不是因為癌症而死亡，一半是嚇死，一半是毒死的。

4. 病向淺中醫是錯的，因為病是不需要醫治的。

5. 食飯是致癌的；熟食會令身體發炎的。

相信就以上的幾點，已經令很多人不能接受，尤其是「不要做身體檢查」和「食飯會致癌」的。大家可以在留言區看到，很多人的神經已被觸碰了。但祥哥不是亂講的，他的分析有根有據而且合情合理。是真是假是對是錯我不會花時間去考究，但我深信一樣事情就是，祥哥已經實行他的信念數十年，在他自己或他的某些案主身上行得通，便是最好的證明。

當然沒有一種做人方法或疾病治療方案是適合所有人的。大家在留言區可以發現，支持祥哥的人雖然不少，但反對的亦大有人在。所以我不會評論他的飲食或對於疾病的處理方法是否正確，而是親身去體驗他所講的理論是否適合自己。所以之後我便報讀了他的食生班，還介紹了很多朋友報讀。我自己就堅持了一段頗長的時間才放棄，不是證實食生對身體不好，只是自己太饞嘴，實在控制不了慾望而已。

無比的信念

食生的過程其實很有趣，每天都要自己配搭不同的生果和蔬菜，製造果菜露或沙拉。當時食生的比例大概四五成吧，身體健康狀態還不錯。而當年介紹報讀食生班的朋友，很多到今天還堅持這種飲食習慣，所以不能說食生不可行啊！只是因人而異。

但是要做到好像祥哥般，差不多百分百的食生飲食，相信沒有幾人能做到。你要信念有多強才能夠放棄我們一般人認為的人間美食，堅持只吃蔬菜水果？不是一天一星期一個月，而是差不多十年了。普通人像我看他是苦行，因為對於自己來說，不吃牛扒、白切雞、白飯、打甂爐、BBQ……應該是苦不堪言。但是他樂在其中，已經不用堅持要吃還是不吃什麼，而是變成生活習慣了。

至於他對醫治疾病的態度，很多都跟我的理念吻合，尤其我很相信「性格造成疾病」這個立論，因為 Wellen Time 第一集節目就是叫做《心念如何影響健康》，是講疾病的形而上學。不同性格會產生不同疾病，例如經常動怒便會影響肝臟、思慮過度又會傷害脾臟之類，這些都是《黃帝內經》中有提及到的。

而我自己的痛風問題，也不是透過看醫生服藥痊癒的。除了改變飲食習慣之外（當然是戒酒減糖），我的性情也有很大的改變。以往經常衝動暴躁，很容易因為一些小事生氣大半天。這些衝動暴躁的能量會透過尿酸而結晶在關節，再加上經常喝酒，病情便變得更嚴重了。當我明白到這個道理的時候，控制情緒爆發和改變生活習慣，痛風自然不藥而癒了。

其實身體的自癒能力，遠遠超過很多藥物或一些侵略性的治

療，只要條件適合並相信身體有這個能力，健康是隨時可以恢復的。所以當祥哥講到以上觀點的時候，我認為大家很「啱嘴形」（很合得來）！

以下就告訴大家一個故事，足證他的信念是何等堅固！

跟祥哥做了第一次訪問之後，我便報讀了他舉辦的食生班。課程中講解了食生的基本資訊，包括食材、烹飪的方法和技巧、身體會出現的反應，還有一些理論和見證分享。內容充實兼極具娛樂性，因為是祥哥親身授課，他會以生動活潑和幽默有趣的方式來講解一些食生理念。而最震撼的一課就是他講解「細菌致病論」了！

這個「細菌致病論」其實是傳統西醫一直沿用的，大概意思就是，我們生病都是因為細菌入侵身體所致的。但是祥哥一直以來都反對這個理論，他認為人們生病的原因不在於細菌的存在，因為細菌無處不在，人類怎麼可能逃過跟它們接觸呢？生病主要原因其實是因為我們的不良飲食和生活習慣，令到體內累積了很多毒素和廢物。如果體內太多垃圾，身體就會透過生病來作一次大清理，同時亦提醒了病人，是時候要改變飲食習慣、性格、社交甚至是居住環境了。

總之我們就要重視生病所帶來的訊息。

例如他經常講的癌症，其實是由於體內太多毒素，身體快頂不住了，於是便把垃圾集中在一個地方，好讓這些垃圾不會影響身體其他器官，這樣便形成所謂的腫瘤了。如果我們漠視它的存在，還用激烈的治療方法把它清除，那麼身體便會覺得提醒被忽視了，於是便用同樣方法提醒病人，把仍然存在的垃圾再次結集起來，這便是癌症復發的狀況了。

根據祥哥所講，他有很多癌症案主跟他見面，充分明白到這些道理後，他們的心結彷彿一下子解開，而癌細胞亦隨之而消失了。這些奇蹟其實不只是祥哥的案主，我也曾訪問過一位直腸癌的女士（Wenda），她也是透過大幅度改變舊有的生活習慣，包括搬離以往居住的環境和積極做運動，最終得以脫離癌症的魔掌。

所以致病的並不是細菌，是我們體內環境不乾淨啊！他堅信健康是可以透過飲食、曬太陽、接觸大自然……和正面的人生觀來提升的。他揚言自己已經四十多年沒有請過病假了，就算有少許不適，稍為休息一下，讓身體自己調節便會很快復原。

當他在課堂上講解到這個「細菌致病論」的時候，為了讓學員深信體內乾淨便不用害怕細菌，他竟然叫坐在最前排的其中一位學員脫去他的鞋子，然後二話不說把那隻鞋子往嘴裡放，還用舌頭舔那對鞋子的鞋底。他這個舉動不是點到即止，而是邊說邊舔，

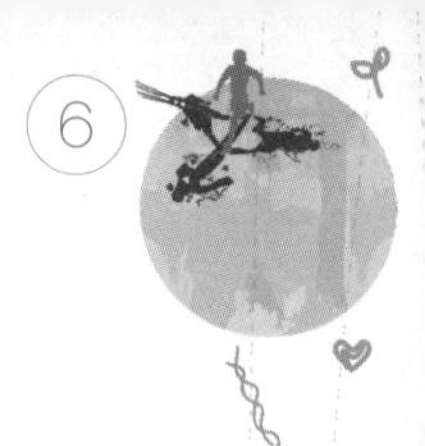

大大力舔。印象中，鞋底跟他的嘴巴和舌頭接觸的時間，一定超過十秒以上。那一刻，男士嘩然，女士尖叫！他還補充說，這個「表演」尺度已經下調了，以前的食生班是表演舔人民幣的，還要選一些佈滿血跡灰塵的紙幣來舔。因為他的同事太愛錫他了，所以已經禁止他這樣做很久了！

「傻佬」真的不是浪得虛名，但其實他背後的信念要多堅固，才會做出別人眼中的傻事呢？他真的堅信自己體內的環境非常潔淨和細菌不會致病啊！但其實祥哥這個信念，是有科學根據的。

著名生物學家 Bruce H Lipton 窮一生都在研究心念跟身體細胞的互動。他的著作《信念的力量》提及過，人類的信念是會直接影響細胞如何接收訊息，從而影響身體健康。如果心念經常是負面，覺得自己的身體很脆弱，全身細胞都會跟着這種心念運作，那麼身體便會變得孱弱易病。相反如果能夠像祥哥那樣有堅強的信念，確信自己不會輕易生病，而且對自我復原系統充滿信心，細菌即使進入了身體也不能肆虐。相信這就是祥哥幾十年來都沒有生病的原因。

現今社會，不同範疇都會有人在推廣不同的信念。例如飲食就有素食、肉食、原始人飲食、生酮飲食、地中海飲食；養生運動就有瑜伽、太極、甩手操、慢跑；宗教就有佛教、基督教、天主教、

道教、回教……每一個範疇也有人推廣其學說為正宗、最好、唯一……我們若然要印證這些信念的可信程度，其實只有一個方法，就是身體力行。祥哥就是用生命來活出他的信念才能夠說服別人，否則都只是紙上談兵自欺欺人。

尋找生命的意義

在Wellen Time的節目，嘉賓經常會提及修行或各種靈性玩意。原來我所認識的身心靈玩意、工具、方法、儀式……大部分祥哥都試過了。即使是死藤水這種極具爭議的啟靈植物，原來祥哥在七十歲時，就已經在南美試過了。那麼還在說死藤水是會讓人上癮的毒品的各位，真的要好好研究一下了，難道一個這麼有學識、紀律、智慧和修行經驗豐富的老人家，會為了迷幻藥所帶來的快感，在七十歲的高齡才一嘗「毒品」帶來的禍害嗎？

他跟我分享那次喝死藤水的經驗，其實跟我所感受的也是一樣，就是充滿愛、一體意識、沒有了時間觀念、永恆……那次經驗，他也印證了這些宇宙真相。

既然他人生經驗豐富，對飲食和健康又有一套那麼強的信念，自然有很多末期病人慕名求救。在過去那麼多年，找他幫忙而能

夠逃出死門關的人不計其數，當然有些最終都不能救治。但能夠重生，又是怎麼一回事呢？

每位案主來到祥哥面前，了解過情況後，他都會先問一個問題：如果今晚上天讓他立即康復，明天可以重新做人，最想做的事情是什麼？出乎意料之外，原來很多人是答不出的，不是低頭沉默，就是垂淚啜泣。答得出的不外乎是一些自身事情例如可以看到兒孫長大、去旅行、吃美食……這些都被祥哥視為願力太細小的答案，上天也幫不了他們。我表示不明白，於是祥哥說了一個真實的故事（細節或許有出入，但是重點不在那些細節）。

祥哥年輕時，大概三四十歲吧！他有一位親密戰友罹患重病，醫生說這位朋友應該命不久矣，最多半年命吧。有一天，這位朋友找祥哥一聚，言談間透露了自己的病情，表現得既絕望又無奈。祥哥在開解他之餘也不忙問了他同樣的問題，就是如果今晚康復，明天他最想做的是什麼？

這位好朋友一直都有為社區做事，他想了片刻便跟祥哥說，在新界某地方的樹林，那裡棲息了很多蝙蝠。但是他知道這片樹林即將被政府收回重建，他很擔心那些蝙蝠日後沒有棲息的地方，希望能夠幫助這些蝙蝠，免受逼遷傷害。祥哥聽罷便立即跟他說，何不一起構思一個拯救計劃，無論要花多少時間心力也要完成它。

反正命不久矣，就做點對眾生有意義的事吧！以祥哥當時的人脈，或許真的有辦法拯救這些蝙蝠。

這位朋友聽過祥哥的建議後，雙眼發光。剛才絕望無奈的神情消失，瞬間變得神采飛揚，彷彿看到人生的一絲希望！於是他倆便開始籌劃拯救行動。當中牽涉很多人脈聯絡、遊說工作，還有很多行政事宜。兩人本身各自都有自己的工作，再加上這項忙得不可開交的任務，哪有空生病呢？最終那些蝙蝠是否得到妥善安排並不是重點（好像是有的），重點是這個好朋友不單止沒有因頑疾而撒手人寰，而是多活了幾十年。

祥哥說，人生必須要找到存在的意義和價值，意義和價值越大越高，人就會越健康越長命。如果出發點是為了眾生，這種愛的燃料便會為生命添加無限動力。當身體知道需要去完成宇宙任務的時候，便不會那麼輕易停下來。而疾病也會自動退守一旁，蓬勃的生命力便慢慢恢復過來了。

訪問中祥哥也問了我同樣的問題（當然我沒有患重病，只是自作孽的痛風而已）。很感恩，上天安排了一個很好的主持角色給我演，也很感恩讓我遇到很多不同的嘉賓，在節目中跟大家分享他們的經歷、服務和智慧，過程中我也感到滿滿的愛和力量。希望我也可以健康長命，繼續為大家服務啦！

後記

2023年中家父癌症復發，病情開始反覆，經常出入醫院。其實家父發現癌症始於2020年，到再復發的這幾年已經做了兩次切除腫瘤的手術，但並沒有進行任何電療化療，因為家父很抗拒這些傳統西醫治療方法，只願意服用一些荷爾蒙藥物來控制病情。

沿途都有用一些自然療法或食療來改善健康，但可惜，往往都是一暴十寒，試一兩次或實行三兩個月便放棄。那時候他的意志顯得很消沉，無論我們家人怎樣鼓勵也不得要領。

直至2023年12月初，病情已經去到很嚴重的地步了。我和媽媽帶了他去跟祥哥見面，看看他有沒有方法可以激勵爸爸重燃人生希望。祥哥也是問了他同一個問題，不說大家也猜到爸爸怎樣回答了，就是不知道、沒有、想不到。祥哥嘗試引導他想一些會令他開心的事情。他想了良久便說：「想看到和B（和B是我的小兒子，當時剛剛出世）長大，跟他玩。」祥哥鼓勵他說：「這個很好啊！能夠看着孫兒長大也是一種希望。但是有沒有一些更遠大的願望呢？」爸爸沉默片刻，然後搖頭說沒有。祥哥再三引導，爸爸也沒有想到什麼了，於是他便說了剛才那個拯救蝙蝠的故事，但可惜故事並沒有激勵到爸爸燃起丁點求生意志。

其實我也理解，不是每個人也可以像祥哥的朋友那樣，當罹患重病的時候，還有雄心壯志去貢獻世界。爸爸當時已經七十四歲了，身體虛弱又長期缺乏求生意志，要在那一刻想到一個更遠大的願望，其實都頗困難的。人一生要活多久也許經已注定了。患上頑疾後能夠獲得啟迪重新振作也要講緣分的。難得祥哥經常為一些在鬼門關徘徊的朋友作最後的引導，無論成功與否，這項任務也不是普通人能夠勝任吧！

傾談過後，祥哥替爸爸做了差不多一小時頌缽聲頻療癒。爸爸在那個復發期間，因為身體很多地方都疼痛不已，所以經常難以入睡。完結後，爸爸說這是他近半年睡得最好的一小時。

家父於 2024 年初與世長辭。他的離去我固然傷感，除了感謝他的養育之恩，也很感恩他讓我領略到一個強烈反差的意義，就是他選擇演這個「放棄的角色」，令我感受到生命的真諦。

沒有人生意義去追尋，活下來又有什麼意義呢？我會銘記爸爸以生命留下來的遺訓，創造無限的生命意義，繼續為這個世界作出貢獻。就好像祥哥一樣，活到七十多歲（執筆之時他七十七歲了）還每天馬不停蹄直播拍片勉勵大家、開課辦學、見案主、

搞公益……一心只想着為眾生服務。

很多人都會覺得，差不多八十歲就享受一下兒孫樂吧，又不愁兩餐，何不悠閒地過活，這麼營營役役東奔西跑真傻！是的，原來他真是一個「傻佬」，而且一生只愛做「傻事」！祥哥我愛你！

6

7

靈界談判專家

—— Mike Tse

7

靈界談判專家——Mike Tse

對於「特異功能」，我最早的認知就是周星馳的電影《賭聖》。什麼天眼通、他心通、變牌、你看我不到看我不到……這些都只是電影的橋段。但原來現實生活中真的有特異功能人士的，你有遇過嗎？

（為尊重當事人，以下敘述的故事內容例如名字、地點及情節是經過修改的，但嘉賓功力絕無誇大。）

靈體上身與驅魔

Mike Tse是夏導多年的好朋友。認識阿Mike之前經常聽夏導講有關他的神奇事蹟，主要都是跟通靈驅魔有關。例如有一次他們一班朋友聚會，當晚是盂蘭節鬼門關大開之日。聚會去到差不多十一點，阿Mike突然對眾人說：「大家都知道今天是什麼日子了，所以要不就十二點前便離開回家，否則請留到天亮，自然會有好戲看。」聽他這麼說，全部人當然是留下來看熱鬧。

當踏入凌晨十二點不久，眾人還在閑聊時，阿Mike突然用另一種語調跟其中一位叫阿輝的朋友打招呼說：「輝仔，最近怎麼樣？」阿輝呆了片刻帶點猶豫說：「嫲……嫲？」原來阿Mike讓阿輝過了身的祖母上了身，然後跟他說話。對話內容是一些只

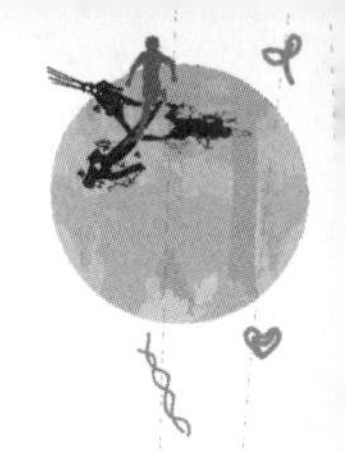

有當事人跟過了身的家人才知道的事情，而阿 Mike 其實是不認識阿輝祖母的。

完了這個便到下一個，原來當時有很多眾生在排隊等候。如是者，當晚就變成是那些朋友跟過身的家人們重聚，非常療癒，非常感人。

我充滿懷疑問夏導：「堅定流呀？」

夏導言之鑿鑿說是真的，他覺得阿 Mike 沒可能知道那麼多朋友們與過身家人們的事情。

夏導見我仍是滿腹疑團，於是再說了一個故事。

有一次他跟阿 Mike 去進行「驅魔」行動。事主是一名男士，不知道什麼原因經常吐血，看醫生做檢查也查不出是什麼毛病。經朋友介紹，阿 Mike 帶同夏導一起到這位男士的家視察。

一進屋內，阿 Mike 已感覺到一股不尋常之氣了。他四處視察良久，突然在其中一面牆前停下來，然後一掌打在牆上。被打之處片刻間滲出血水，還留下一個血掌印。

聽到這裡我立即大叫出來：「是他自己打到受傷吧？哈哈哈！」

夏導說：「不是啊！那面牆由滲變成流出血水啊！」之後阿Mike唸唸有詞，做了一點儀式，然後跟那位男士說沒事了，過兩天他便會康復，也不會再吐血了。

離開後夏導問阿Mike是什麼一回事。阿Mike說是血魔纏身，導致那位男士不斷吐血。他已經跟那位血魔交涉了，勸它離開那位男士，而那位男士真的過兩天後就停止吐血了。

我笑不攏嘴，什麼血魔？我是一個多麼理智的人，怎會相信這些靈異電影橋段呢？騙人居多。

夏導說：「你不要笑啊！你有機會認識他，便知道他有多厲害。」

就在2017年初經夏導介紹，我真的認識了阿Mike。他是一位很愛打扮的型男，原來他除了通靈和驅魔，還會為客戶設計水

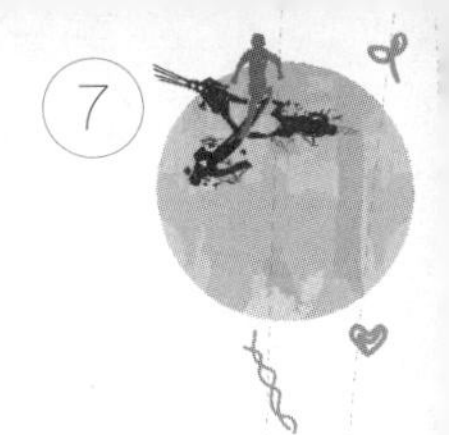

晶手鏈改運和看家居風水的。我們開始熟絡，經常見面吃飯，每次都有很多朋友一起參與，有些更是本身不認識阿Mike但慕名參加飯局的。席間朋友們都爭相詢問阿Mike有關自身前程或各種問題，而阿Mike亦來者不拒，一一詳細回答。例如以下情節，我已經見怪不怪。

阿明（阿明是我帶去的朋友，跟阿Mike第一次見面）：「師父，我……」

阿明根本還沒有開始傾訴。

阿Mike：「你太優柔寡斷了，之前那個女朋友還在藕斷絲連，拖拖拉拉，其實現在有一位女孩子在等你，你是知道的，但你就是這麼拿不定主意。至於你的兒子已經長大成人了，當年離婚的問題對他影響不太大，但是現在你要給他更多的愛和關心，他才會學懂愛自己。放心，他不會學壞的，因為本性非常善良，只是成長缺乏愛而已。另外，如果你想事業順利一些，請你把眼鏡換掉，顏色淺一點，還有不要再留鬍子了，影響運程，完。」

阿明聽罷嚇得兩眼發直，因為這些全部都是他心裡想問的問題，而感情和兒子的事宜，阿Mike都講得準確無誤。

阿明很聽話，翌日立即把眼鏡換掉、也刮去了鬍子，事業真的順利了很多，而且終於和那位等了他很久的女孩拍拖了。

憑一個人的外貌猜到他的性格不難，但怎麼阿 Mike 連阿明前後的女朋友、離婚、兒子這些人物和問題癥結都知道呢？他們第一次見面啊！

就當是巧合吧！再分享一宗我也在現場親眼目睹的。

我有一位男性好友 G（化名）的女兒好像出現了精神問題，經常心神恍惚，沒精打采，而且還有嚴重濕疹，身體狀況差到經常不能上學。精神科、皮膚科、內分泌科……什麼名醫都看遍了，病情就是沒有好轉。阿 G 知道我認識阿 Mike 也略知他是「某一科」的專家，於是便拜托我向阿 Mike 請教，有什麼方案可以改善女兒的狀況。

阿 Mike 閉起雙眼聽完我講解朋友女兒的情況後立即說：「他家裡有靈體，約個時間，我去他的家看看。」於是我便安排時間，還約了好幾個朋友包括夏導，一起到朋友九肚山的家去助威了。

我們一班朋友最初都是喝酒談天，而阿 G 便在阿 Mike 旁邊

輕聲交代女兒的狀況。約十一時左右，朋友的女兒睡覺了，屋內期待的氣氛越來越濃烈，大家心裡都變得很緊張（起碼我是），因為很想知道阿 Mike 會建議阿 G 做什麼去改善女兒的病情。

當日市區的氣溫十二度左右，九肚山應該更低。阿 G 的家有暖氣開放，大家感覺都很舒適。將近十二時，不知怎地，室內溫度開始有點下降，但也不至於要添衣禦寒。阿 G 是抽手捲煙的，正當他嘗試捲一支香煙的時候，他的手竟然抖過不停。抖震的幅度更大得讓煙絲、濾嘴都散落一地。他在懷疑是否寒冷令他抖震，一邊執拾煙絲一邊跟眾人說：「其實我沒有感到很冷啊，而且我是專業捲煙的，為什麼會震得捲不到煙呢？」

這個時候阿 Mike 輕描淡寫地說：「見你是 Wellen 的好朋友，就幫你一次吧！」話畢隨即拿起一個打火機並燃著了它，向手心輕輕一燙（因為實在太緊張，已忘記了是左手還是右手），他隨即閉上雙眼然後向後直跌，我和夏導見狀立即衝上前扶着下墜中的阿 Mike。我們見他仍然閉着雙眼，彷彿昏迷了。他只有 150 磅左右，但我和夏導再加一個朋友也難以把他攙扶起來。大概手忙腳亂了兩分鐘，大家還在茫然失措之際，阿 Mike 突然張開雙眼大聲吼：「走開！」然後自己慢慢爬起來坐在椅子上。

哇！大家登時嚇得心裡發毛。還是夏導老練鎮定，他立即叫阿

G去上一支香給大廳神枱上的佛像。但阿Mike大聲說：「不准上，一班人不知在這裡幹什麼，又抽煙那麼臭，叫我上來做什麼？」這個時候大家都意會到阿Mike經已被靈體上身了。

這時候阿G的太太可能愛女心切，竟然無視這樣震撼的場面，對着上了身的阿Mike咆哮：「是不是你害我女兒？」Mike回答：「我不是有心害她的，但她實在太像我的女兒了，我很掛念女兒啊！」此時阿G也加入戰團，聲音顫抖地說：「你不要害我女兒，要害便害我！」夏導見狀立即勸喻阿G不要亂說話。這個時候阿Mike沒有再說話，只是低頭沉默。室內空氣彷彿一息間僵住了。只聽到阿G太太在輕聲啜泣。其他人也不知怎樣反應過來。

過了片刻，阿Mike突然說：「好的，你們的師傅說會幫我！」話畢阿Mike又再癱瘓在地。我和夏導立即衝上前扶着他，這次較輕鬆了，而且阿Mike很快便甦醒過來。

他一醒過來便立即說：「沒事了，上香、開窗！」說也奇怪，當我們把窗戶打開的時候，竟然感覺到寒氣流出，一股暖意飄進來。整個環境的氣氛從剛才的慌張繃緊，一下子變得輕鬆舒泰。阿Mike點起香煙，徐徐呼出一口煙便說：「我已經跟她談好

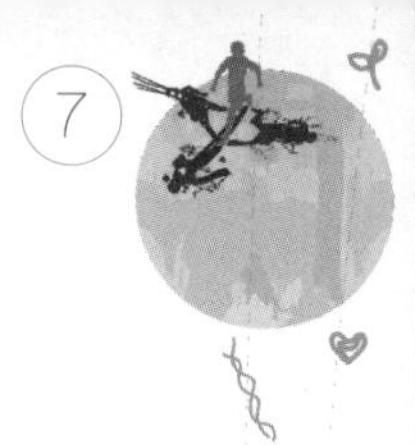

條件了，我叫她走吧！不要害別人的女兒，還應承她求觀音娘娘助她投胎。」眾人在心裡呼一口氣，之後便開始跟阿 Mike 展開 Q&A 環節了（相信讀者們也有很多疑問）。

我不妨將大家的問題以重點式列出，這樣會更方便理解故事的發展經過。

- 阿 G 手震和氣溫突然變冷，是因為有很多靈體在他旁邊出現。即是當晚除了那位女靈體，還有很多其他「觀眾」。而為何阿 G 冷得抖過不停，是因為當時那位女靈體跟阿 G 靠得很近。

- 阿 Mike 用打火機燙一下手心，是為了開一個類似通道（Portal）的東西，讓靈體上身。

- 第一次下跌時阿 Mike 身體變重，是因為靈體經已上身。第二次輕了則是因為靈體離開了；原來靈體是很重的。

- 那位女靈體以前是住在附近的，因女兒意外去世，傷心欲絕，隨後更自殺身亡。

- 女靈體因太掛念亡女，所以一直沒有投胎。阿 Mike 答應會替她做法事超度她，求觀音娘娘助她投胎，作為她離開阿G女兒的條件。

◆完事後打開窗戶為何室內反而變暖，是因為其他靈體看完熱鬧離去了。

■阿Mike之後還有跟進事件，好像是幫他的女兒做了一些法事和祈福。

當然大家最想知道，阿G的女兒有沒有康復呢？如果沒有康復，我花這麼多篇幅講這個故事只會貽笑大方吧！

過了大概兩星期，在沒有看任何醫生的情況之下，阿G女兒的精神狀態開始回復正常，而皮膚亦一步一步地改善。現在已經判若兩人，重拾年青人應有的活力和繼續學業了。

讀者們不是第一身在現場，可能只感到這個故事很神奇很有趣吧！但我親歷其景，其實是很震撼的。而且對於我日後如何看待這個世界有着很大的影響，尤其對於看不到的眾生、維度和特異功能。雖然我以前都傾向相信，但由於沒有真的遇過，懷疑之心還是有的。但是當親身看到「靈體上身」那一幕後，我怎能再

像以前那樣，一口咬定是假的、是騙人呢？阿 Mike 出現在阿 G 的家、被上身、談判，然後那位女孩真的不藥而癒，又怎能用常理去解釋呢？他不止一次在我們面前示範何謂超感官能力了，起初我也只是抱着看戲觀摩的心態。但自九肚山的「那一役」之後，心裡只有一個字：服！

看到這裡，可能讀者們會覺得，雖然我是親歷其景，但都只是看到別人如何如何，自己有感受過他的特異功能嗎？好的，大家再聽多一宗吧！

自從和 B（於 2023 年 10 月出生）出世後，太太一直餵哺母乳。可能由於產後太勞累，又沒有調理好身體，皮膚出現了很多紅疹，每晚睡覺都痕癢到難以入睡。而且腰肚位置和雙腿長期冰凍，經常都要用暖包才能夠舒緩寒冷感覺。

有一天阿 Mike 來我家探望 BB，知道太太有這些問題，便二話不說替太太驅寒。方法就只是用手隔空在身體寒冷和痕癢之處定着，良久太太便感到那裡有大量寒氣釋出，之後感到舒暢無比。在治療途中，阿 Mike 突然叫我過去跪下來，把手掌放在太太的患處，然後問我有什麼感覺。我只感到有很多寒氣飄出。這時阿

Mike 很滿意地微笑着說：「很好，你也可以做到！」然後口中念念有詞，突然一掌打向我背門說：「已把功力過了給你，以後你自己醫治太太吧！」

Ok ok！很離譜是不是？很像武俠小說，難以接受吧？當時我也是有這樣的感受，但我知道阿 Mike 不是玩的，加上以前見證了那麼多故事，我怎會不相信他呢？

於是在往後的日子，每當太太感到痕癢、寒冷，我便嘗試像阿 Mike 那樣，用我雙手去舒緩她的不適。告訴大家，我真的可以幫太太止痕，而且我每次「發功」為她驅寒時，我和她都可以感受到那些寒氣慢慢離去，然後暖意緩緩地從我熾熱的掌心綿綿輸出。經過個多月的治療，那些不適真的消失了。

像阿 Mike 這類有特異功能的奇人，相信在這個世界上應該也不少。但是像他那樣俠義善良又喜歡幫助別人的特異功能人士，暫時我只遇到阿 Mike 一人。在過去七八年的歲月，其實我也介紹了很多朋友去找阿 Mike 解決他們的問題。我夠膽說，差不多 99% 的朋友見過阿 Mike 之後，都解決了大部分問題。而那 1%，通常都是阿 Mike 自認幫不了手，而他也經常說，不是每樣事情他都能夠解決的。

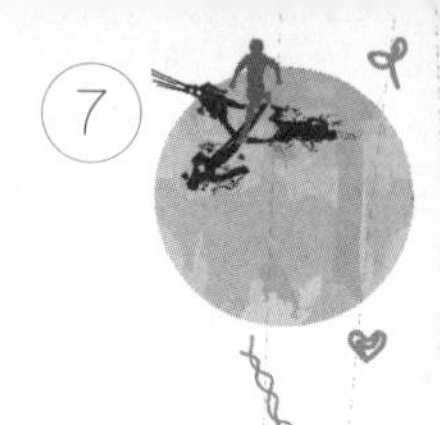

對靈界的尊重

除了到他店舖買水晶鏈和看風水，很多時阿Mike都是不收費幫助別人的。剛才我所講的通靈、驅魔和過功力的故事，通通都分文不收。而阿Mike做得最多的，就是某某朋友托我或者夏導詢問阿Mike他們一些自身的問題，往往他都能夠透過電話，立即隔空提供解決方案。

我有問過他，究竟他的特異功能是怎樣運作的？為什麼一個素未謀面的人，他都可以那麼準確地講出那個人的背景呢？他說這是天生的，後天也有修練。他只要看着那個人的雙眼，資料便自動傳輸到他的腦裡，然後對於那個人的前世今生便一目了然。但是這項功能，他只會得到事主的同意才會運用。一來是尊重，二來如果經常無目的地使用這項功能，將會疲憊不堪。

那麼靈體他又是怎樣處理呢？阿Mike形容他這一類型的通靈者為談判專家。他從來不會消滅靈體，只會跟它們談判，勸他們離開事主。剛才提及那個血魔的故事，其實他也只是跟阿血魔談判而已。而他看到的靈體模樣，不是清晰的五官，通常都像一團能量般呈現在他的腦海中。至於讓朋友逐個跟去世親人對話和

九肚山女靈體上身談判的故事，他說當靈體附在他肉身時，其實他的元神是守在一旁的。當晚發生的事他都看得清清楚楚。

看到這裡可能你還是嗤之以鼻，覺得荒謬絕倫，他是假扮上身各樣那樣。好的，如果你是他在那些場合，夠膽裝扮嗎？逐個上身又講得出每個人的事啊！這麼高風險的「表演」我找不到要作假的原因，我只看到他知道眾朋友掛念逝去的親人，才在那個特別時刻大開方便之門，讓朋友與親人重聚。而阿 G 的女兒事後還恢復正常，更不用討論真假了！

我一向都不是不相信靈界眾生的存在，只是多數都是抱着寧可信其有不可信其無的心態。還覺得，只要行得正企得正，就什麼都不需要害怕，可是這種帶有傲慢的心態很多時候都會出事的。

我試過跟一班朋友在上環一幢超過五十年樓齡的舊唐樓裡進行音樂表演。一般玩音樂前，都會有隊員負責做一些儀式，來清理附近的一些能量，或者跟現場的靈界朋友打個招呼才開始表演，而表演一直都很順利。不知怎地，當晚這個任務竟然交到我手上。由於我很少做這個工作，只單憑記憶，隊員怎做我便怎做。於是

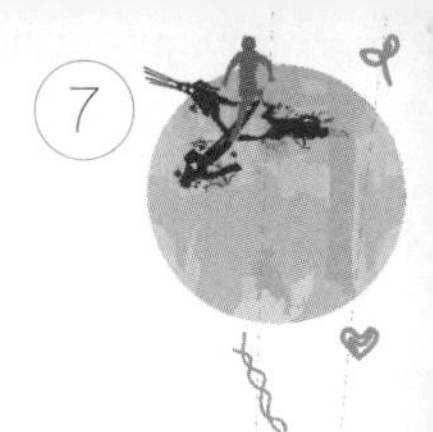

我點燃了一束鼠尾草，很隨便地四處熏熏便算。

表演最初也沒有什麼異樣，但是去到中段時，我肚子開始疼痛，而且痛楚不斷加深。好不容易才捱到表演結束，我癱瘓在地，面容扭曲，過了很久疼痛還是不止，而且還有想拉肚子的感覺。於是我立即躲進廁所，關上門閉上眼睛，回想自己是否吃錯東西。但記憶中好像沒有吃過什麼不潔的食物，唯有集中精神對抗痛楚。

就在我萬分痛苦之際，突然意會到一個訊息，然後腦海閃出一連串的說話：「對不起，剛才打擾了『你們』的清靜，而且事先又沒有得到『你們』的批准，真的不好意思，希望『你們』原諒！」我在心裡誠懇地不斷對着「他們」道歉，說也奇怪，不消兩分鐘，疼痛開始慢慢減退，而且我並沒有拉肚子。

在廁所裡差不多擾攘了十分鐘，隊友們都很擔心。當我打開廁所門出來的時候，滿頭大汗，疲憊不堪，但精神總算恢復過來。有隊員懂得臼井靈氣，於是幫我做了一個療程。經過十五分鐘的休息，我整個人彷彿沒有事發生過一樣，之後還去了吃火鍋慶功。自己聯想太多？沒有科學根據？不打緊，我自己知道原因便是。

所以還在說如果事情科學解釋不到便不會相信的朋友，快些敞開你的心胸吧！人生就是有很多事情是不可以用正常邏輯或科學理論去理解的。當有一天你也像我一樣，認同這個世上有一些無形的力量、參不透的真相、看不到的眾生、觸不到的維度……你便會懂得敬畏天地鬼神，尊重萬事萬物，人生便自然不會有那麼多「阻滯」了！相信現在你應該知道自己那些阻滯是從哪裡來的了！哈哈！

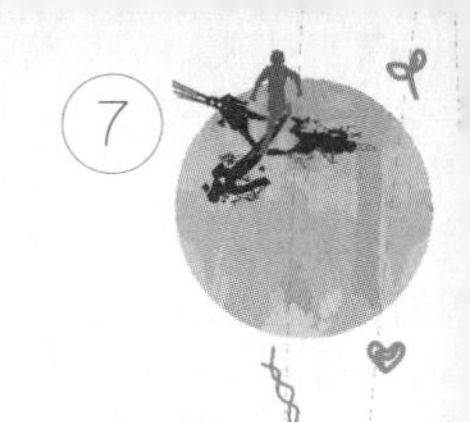

後記

在過去幾十年，我媽媽經常都會在睡覺時發夢，到「下面」玩的。當我認識了阿Mike之後，便帶媽媽去他的水晶店舖，希望阿Mike可以為媽媽設計一條水晶鏈，好讓她晚上不要再到下面玩了。

阿Mike設計水晶鏈時，通常都會觀察客人是否有戴手錶或其他飾物，從而配搭一條適合的水晶鏈。他看到媽媽戴着一隻玉鈪，便好奇地詢問她是怎樣得來的。媽媽說是三十多年前一位好姊妹從雲南買入的，但是買回來後才發現太細戴不上，於是便轉贈給她。

阿Mike拉着媽媽的手細心地打量那隻玉鈪片刻，然後說：「伯母，知不知道你為什麼經常到『下面』玩呀？你這隻玉鈪是陪葬品來的。不要再戴了，我幫你敲碎它吧！」我很信任阿Mike，而媽媽很信任我，所以就算她萬般不捨也得忍痛棄掉。於是阿Mike即場幫她敲碎了那隻玉鈪，然後再配搭一條合適的水晶鏈給媽媽穿戴。

媽媽從此再沒有到「下面」遊玩了。

7

8

真理守衛者

—— 黃偉德 Arden

8

真理守衛者 —— 黃偉德 Arden

成長中有很多事情彷彿都是理所當然的，父母叫你做什麼不做什麼我們不會過問；學校教什麼我們便跟着學；媒體宣傳什麼我們便跟着信。從來沒有深入考究箇中原因，只會習以為常，不會問為什麼要這樣做、為什麼不那樣做。生活上的飲食、健康、運動、求學問……這些全部都可以用「不求甚解」來形容。例如每天當然要吃早午晚三餐，而且要多吃白飯才有氣力；發燒當然要吃退燒藥、流鼻水便吃止鼻水藥、咳嗽便吃止咳藥……當所有病徵都被歇止，就代表醫好疾病了；所有成長中的活躍年青人都要乖乖的，從早到晚坐在班房裡上課學習，所有學生都學習同一樣的課程，以劃一的考試制度來決定成敗……凡此種種觀念，全部都相應地產生很多不良結果。我要去到三四十歲才懂得去看事情的另一面真相。

其實以上觀念到現在也是大眾所奉行，覺得是理所當然，根本沒有動機去考究當中是否存在問題。當然偶爾也有人站出來說出另一面的見解，但往往只是少數，而且總會遭受主流制度或既得利益者攻擊。Arden 就是其中一位無懼槍炮的勇士，雖然他看起來文質彬彬清臞瘦削，但內心的強大和知識的淵博，足以摧毀無數牢固守舊的觀念。這幾年他在不同的媒體以文字或聲音，孜孜不倦的勸告大家，要自己去找出不同範疇的人生真相。

大家留意，他從來沒有告訴你何謂真相，只是引導大眾去尋求屬於自己的真相而已。

反傳統的治療方案

Arden 是一位順勢療法醫師。認識他是因為看到他在臉書上的文章，很多都是針對我們既定的觀念而作出反面的闡述。他不是一味的反對，而是經過周詳的資料蒐集再加上自己專業分析和不斷實踐，然後再詳細解釋，讓讀者自己作出選擇。

於 2023 年初，我看到他在臉書的貼文十分之激進（講新冠病毒、疫苗、口罩……詳細我不說了，否則這本書應該不能出版），觸動到我萌生起邀請他當嘉賓的念頭。因為一直都很想討論相關題目，但礙於自己知識有限，知其然而不知其所以然。還有當然是怕事怯懦，哪有膽量在這些題目公開說三道四呢？所以便鼓起勇氣，發了一個邀約短訊給他。

這是我第一次邀請有醫療背景人士做訪問，所以我也不敢怠慢，做足準備功夫，而且預算傾談的題目也相當敏感，所以訪問前我先跟他見面，了解一下訪談的題目，順便真正了解他是一個怎麼樣的人，以免觸及無謂的紅線。

做資料蒐集時，看到他曾在周兆祥的 YouTube 頻道出現，那一集以「尿療法」為主題，即是喝尿治病（看的時候已心感佩服）。而當我第一次到他位於新界的舊居拜訪，看到他緩慢地從停車場走出來迎接我時，我心裡打了一個突，眼前這位身材瘦削、個子不高皮膚黝黑略帶暗啞的男士，言論和行為竟然是那麼勇敢激進，這麼大的反差反而令我感到非常興奮和期待。泊好車彼此寒暄幾句後，我們便進入屋內傾談有關拍攝的議題了。

當日我們的「預談」一開始，三小時就輕鬆過去。因為 Arden 非常健談，而且說話內容絕不含糊，探討的議題都會從多角度提供意見。其實如果當日有擺放攝錄機和收音，三集節目經已順利完成了，何須再另約拍攝呢？當然很多「預談」的內容其實是不能面世的。我倆天南地北無所不談，盡情交換自己對有關敏感議題的資料，談得興高采烈，簡直有相逢恨晚的感覺。所以「預談」完結後，我們便議定了可以公開討論的話題，再約定了一個確實的拍攝日子。

一連四集，Arden 把順勢療法的概念，以實際的例子簡單清

晰地闡述。第一集就講解了很多普通疾病的處理方法，例如發燒、咳嗽、嘔吐、濕疹、哮喘……很多處理方法都是往傳統西醫治療的反方向出發。例如發燒，他不鼓勵吃退燒藥，主要原因是，我們身體發燒就是要把身體溫度，推高至一個適合「打仗」的環境。如果我們用藥物蓄意把身體溫度降低，身體便不能正常地運作了，這樣反而影響康復時間。

這個「道理」，如果是 Wellen Time 的忠實觀眾，應該會覺得平常不過，非常合理。但還是有很多人包括我的朋友，每當發燒便把退燒藥當糖吃的。我和家人已經很多年沒有服用退燒藥，只要多休息，一般發燒的情況在一兩天後便會消退。其實要扭轉一般人幾十年的固有觀念真的不容易，那怕你有多少數據、證據支持，他們就是不相信。

另外當然就是醫治濕疹的方法了。為什麼是「當然」呢？因為 Arden 本身就是一名嚴重濕疹病患者。2023 年我第一次跟他見面當日，一看到他的樣子和皮膚，便知道這個人是有「濕疹底」的。但是你可以看得出，他現在已經康復了不少。

Arden 的濕疹早在年青讀書時已經有了。嚴重程度是痕癢難擋，周身皮膚爆裂、流血、出水。睡醒的時候，皮膚跟被鋪是黏

在一起的。服用多年的類固醇都只是治標不治本，而且藥物副作用更會令到身體產生很多其他毛病。

其實我年青時也有濕疹，雖然沒有 Arden 那麼嚴重，但也是相當困擾，因為臉部經常乾燥脫皮，儀容非常難看，導致我在成長的某一個階段感到非常自卑（但是別人是不知道的）。可能就是因為這種自卑心態，內心便產生反抗性的自大性格，來掩飾內心的不安。直到三十多歲，濕疹突然離我而去，不是得到什麼神醫治療，確實原因不知曉，但深信跟情緒改變有極大關係。

就我自己的經驗（我大兒子也有嚴重濕疹）、朋友的例子和 Arden 的分享，其實傳統西醫對濕疹這個疾病，如果單純以藥物或藥膏去嘗試控制病情，根本就是痴人說夢，浪費金錢和時間。尤其是含類固醇的藥膏，這款差不多所有皮膚科醫生都必定會處方的「聖藥」，塗了在患處數天之後，皮膚立即變得光滑，痕癢也歇止，病情看似已受到控制了。但「資歷深」的濕疹病人都知道，類固醇是治標不治本的，而且還有很多副作用。大家通常服用一段時間，皮膚變好了便會停藥，但是一停藥之後，反彈情況往往比先前更嚴重，於是又再次使用類固醇來短暫停止濕疹帶來的痛苦。對於很多濕疹病患者來說，這彷彿就是在無間地獄不斷輪迴，苦不堪言。

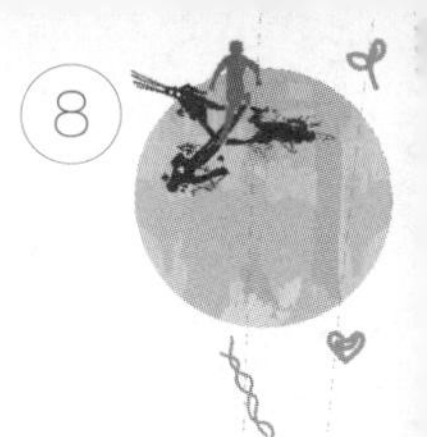

所以在那次和之後（後來在 2024 和 2025 年亦分別進行了兩次訪問，一共五集）的訪問，我都會花很長時間，要求他講解怎樣把困擾了他幾十年的濕疹醫治好。

其實真正醫好疾病的，並不是任何藥物或治療方案，而是好好面對自己性格的缺陷，從而控制導致生病的情緒問題；當然改善飲食和生活習慣也是相當重要的。這已經不是新鮮的見解，相信很多人都明白，但是當實際操作起來的時候，便要衝破很多制約和枷鎖，還有諸多無形的外在環境壓力。例如 Arden 曾經遇過一位患有嚴重濕疹的小學生病人，經過很長時間的交談他才發現，原來這位小朋友性格懦弱怕事，在學校經常被同學和老師誤解，導致滿腔鬱結無法宣洩。回到家又沒有勇氣向父母傾訴，長時間的精神折磨，導致他飲食、睡眠和情緒都嚴重失衡。處於這種狀況，身體便透過皮膚來發出求救訊號，於是濕疹便大爆發了。

藥物和食療或許可以減少病徵的嚴重程度，但要徹底解決濕疹的困擾，就要鼓勵他建立有自信的做人態度，疏理情緒後，排解校內的誤解並增加家人間的溝通。而 Arden 亦強調，任何疾病都不會是單一原因所構成的，必須要了解患者的生活規律和正在面對的情緒問題，才可以有效地逐步把疾病的成因解決。

現在回想，當我踏入青春期時，其實也像這位小朋友一樣，很多鬱結無法解開。例如我根本不想上學，覺得上學是在浪費時間，但是自己想做什麼又沒有頭緒，制度是這樣，根本不到我來選擇。就是這種不知道自己想怎樣又沒有出路的思緒，導致我在整個中學階段都經常煩躁不安，而這些情緒就慢慢演變成好勇鬥狠的性格，經常跟同學打架，甚至被圍毆。這些「戰鬥」經歷，我從來沒有跟家人傾訴過，而朋輩間更不要奢望會有人來指點開解。就這樣，中三那年我便開始爆發濕疹，位置更是別人一眼便看得到的臉部。

當濕疹嚴重爆發時，會乾燥得脫皮，輕輕一掃臉部皮膚，便好像下雪一樣，一地死皮，這樣的容貌自然令我感到自卑。遇到多嘴的同學嘲笑，更自然怒火中燒，不是惡言相向，便是拳頭回應！直到離開高中的生活，人也開始成熟了，情緒沒有那麼波動失控時，濕疹困擾才稍為得以舒緩。去到三十多歲結婚之後，皮膚才回復正常。現在五十歲了，我頗有信心，它以後都不會再來造訪，因為我相信自己已解決了人生大部分的負面情緒。

聆聽自己的身體需要

至於 Arden 又是如何醫好自己的皮膚問題呢？訪問了他三次

（每年一次），他的皮膚一次比一次好。在節目裡他都沒有直接說出任何「單一」或「萬能」的方法，因為根本就是沒有。而所謂的方法，效果也因人而異。他講了一些人生改變，我不妨整理一下我所理解的然後告訴大家。或許會跟他的原意有少許出入，但應該都不會偏離太遠。

由讀書時期到出來社會工作，濕疹都沒有停止過騷擾Arden。在很多年之前，他相信素食應該可以幫到他，所以他茹素了十多年，也積極推廣素食。他曾擔任香港素食學會主席，也寫了很多專欄文章來解釋素食的好處。結果呢？濕疹並沒有太大的改善，經常反反覆覆，而且他常感覺自己身體非常孱弱，被別人輕輕一碰便很容易倒下來。他推廣素食的其中一個原因就是鼓勵大眾不殺生，要彰顯對眾生慈悲的訊息。在第二次訪問中他說到，這樣的思維可能跟他那種懦弱不反抗的性格有關係。

就在第一次訪問的數年前，他一位具中醫背景的物理治療師朋友跟他說，忍耐一星期不碰甜食及澱粉質吧，不妨嘗試生酮飲食，而且更大膽地建議他何不吃一點肉，看看對皮膚會有什麼效果。作為一位長期素食者，少吃甜食、澱粉質和生酮飲食應該沒有太大難度。但是要放棄堅持了十多年的素食習慣而再次吃肉，便需要經過一番心理掙扎和自我道德審判了。

最後他以一片三文魚解開了這十多年的枷鎖。

那個星期，他的身體開始起了微妙的變化。除了濕疹的問題得到改善，他感覺到整個人的活力開始恢復過來。他認真去感受食物跟身體變化之間的關係。之後他逐步增加吃肉的份量，還開始鑽研全肉飲食。在鑽研的過程中，他看到很多外國有關飲食的醫學研究報告，發現自己過去幾十年的認知，其實有很多都站不住腳，很輕易便被推翻。因此他一邊研究一邊實踐新的飲食方法，用心去聆聽身體的需要，而不是跟從教條或理論去生活。

我從 2023 年認識他至今，每次跟他見面都可以感覺到他整個人正在蛻變之中。當然皮膚改善了是最明顯的，但是他散發出來的能量，旁人絕對是感受得到的。他的思路變得越來越清晰敏捷，相比起三年前認識他的時候，有過之而無不及。

說了那麼多，是不是想宣揚肉食就是王道，素食影響身體健康？並不是這樣。他寫文章或訪問的時候都經常強調，如果大家吃素吃得身體健康，便不用理會他所說的任何觀點。他在訪問中也指出，其實沒有一種飲食是適合任何人的。我們必須要親身研究和嘗試各種飲食習慣，不要人云亦云。嘗試聆聽身體的需要，然後大膽作出選擇。

他人生這次飲食大改變，其中一樣最令我敬佩的舉動就是，推翻自己信守多年以為正確的觀念，重新建立一套適合自己的生活習慣。這個改變是很不容易的，因為自己信奉多年的觀念，裡面可能牽涉信仰、信念、形象、名聲……還有別人的信任。要一下子放棄，那需要有全面的知識配合、極大的勇氣和廣闊的胸襟，才能邁出那一步。他更要在面書發文，宣佈自己棄素吃肉，推翻自己以往所信奉的那套信念，這種革命性的內心解放和尋求真理比一切都重要的態度，相信就是別人看到他自信滿滿、容光煥發的主要原因吧！

信念不是要信，而是知道

信念不是口講，是需要用行動自己驗證，否則這個信念便是迷信！我天性就是對什麼新鮮的事情都好奇，評估過對性命沒有太大威脅的我都會嘗試。很多年前試過吃全素，為期差不多一年。那時候因為不懂得怎樣吃，還有經常喝酒，身體變得很瘦削，面色發黃，一副營養不良的模樣。而且經常心思思想吃肉，只堅持一年便放棄了。於是我知道自己不懂得吃素、很愛喝酒和吃肉了。

到認識祥哥之後，我當然嘗試過食生。食生的過程都很愉快，而且還堅持了大半年的時間。雖然不是百分百食生，但應該都有三四成。家中其他成員也吃得很開心，可惜過了不久我便發現，我肚瀉的情況比以前頻密。因為喝酒的人，很多時候都會肚瀉的。所以我便逐步減少食生比例，而肚瀉的情況真的相應減少了。但是很多當初跟我一起食生的朋友還在繼續堅持，而且身體非常健康。於是我知道食生跟我的身體不太配合，而且我還是那麼愛喝酒。之後的飲食就變得隨心，什麼都吃，沒有太在意是否食生了。

到最近Arden提倡的肉食、不吃水果蔬菜和澱粉質的飲食，我當然不會放過嘗試的機會。不過今次我沒有一頭栽進去，而是選擇地嘗試。還有，我完全戒酒了。

首先我提高了吃肉的比例，盡量減少吃澱粉質和蔬菜，而水果我就差不多完全不吃了！以前我有一個好朋友，他是完全不吃水果的。我們朋友經常都會罵他，說這樣的飲食怎麼會可行，不吃水果根本不能接受和完全違反營養學的建議。我這位好朋友到現在五十歲還很健康，而我經過差不多半年的嘗試，我的大便很暢通，其他身體狀況亦很正常。於是我知道，原來日常飲食中沒有水果也是可以的，當然看到香甜多汁的水果也很想吃，但那不是身體需要，而是口腹之欲而已。至於粉麵飯這些澱粉質食物，我

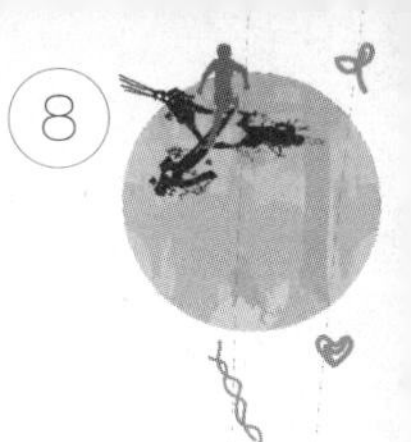

還是忍不到要吃的。於是我又知道，我真的很饞嘴，我的意志還不夠堅定去衝破這枷鎖。

當然知道得最有價值的，就是酒精不適合我！

或許你會覺得我這樣東試西試，簡直是自尋煩惱，均衡飲食不是很好嗎？如果Arden又告訴你，人類根本不需要均衡飲食，你相信嗎？不要信，自己嘗試吧！一切的所謂「信念」，當得到自己的印證，便變了知道而不是相信了。

後記

我做事一向馬虎苟且就大家都知道的，看我的影片畫質和收音，還有字幕錯別字就已經不用多說了。但是一條影片，從資料蒐集到訪問、剪接、背景音樂、字幕、起標題、社交媒體的推廣，全部都是我一人包辦，任何人都不得插手。

記得第一次訪問 Arden 之後，以上工作差不多完成時，我給他發了一個短訊，交代是次訪問的播放時間。他竟然回覆說，因為不想出錯，要求我先把字幕給他過目。那一刻我心有不快，看着訊息思潮起伏，心想，我做事還需要你去批核嗎？經過一輪腦內交戰，算吧，就讓你改一次卷，下不為例。

於是我很不情願地發了字幕檔給他，還在發愁不知何時才有審批結果，會不會影響原定出片時間時，哪想到翌日便已經收到他批改完畢的檔案。於是我快速檢查他究竟改了什麼。哇，原來真是錯漏百出。他除了修改一些專業詞語之外，還幫我修飾了一些語句的文法，當然還有錯別字。大家可以想像，一個自以為是的 YouTuber，內容給別人修改得體無完膚後會有什麼感覺？就是既慚愧又憤怒！憤怒不是因為 Arden 的舉動，而是自己的粗心大意。

之後的訪問影片，每一條也是這樣運作，先經他批改字幕再發佈。但是修改的幅度一次比一次少了，因為我開始變得小心謹慎，不希望收回來的試卷滿佈交叉。於是給他批改之前，我都會盡量把字幕基本的準確度提高。所以隨後的幾集訪問，他修改的都只是一些專業詞語而已。而我也把這種做字幕的態度，套用在日後其他影片了。

就是他這種不苟且的精神讓我明白到，人生任何事情都不能得過且過。小至影片字幕，大至影響身體健康的飲食習慣或做人態度，我們都要全權負責，不能假手於人。現代科技發達，資訊俯拾皆是，差不多任何事情我們都能夠透過互聯網自學。要求真，就要自己努力尋找。還在人云亦云、信奉權威、不求甚解的，最終只能夠把人生外判給別人主宰，靈魂不自覺地就被魔鬼扣押了。

看見就是療癒

—— 游思行

9 看見就是療癒 —— 游思行

游思行是香港資深填詞人，曾任商業電台叱咤903唱片騎師。執筆之時她正在為自己的新書《二十世紀歌詞愛情療癒誌》忙碌，工作常與文字打交道。

跟她真正認識之前，其實我們只是臉書朋友。由於她是資深填詞人，所以理所當然地我們的共同朋友便是小克和梁栢堅了。

於2024年中，我看到有兩個填詞比賽。我一向都有填詞自娛一下，也曾以黎曉陽的曲填了一首講關於死亡的《靈和遊戲》，還拍攝了MV。自覺都有一些經驗，填出來的作品應該不會太失禮吧！於是便膽粗粗報名參加了那兩個比賽，而那兩個比賽其中一位評判就是游思行了。

有一次兩位老友栢堅和小克分別從台灣和杭州回來香港，當然要聚一聚了。當我去到心燒（全名心燒食堂，是我們經常聚會的地方）時，發現房間坐滿了差不多十個男人，只有一位女士坐在遠處，就是游思行了。

其實我很想詢問她有關那兩個比賽的事宜，但由於房間太狹

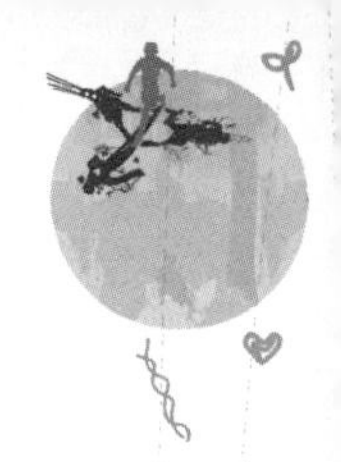

窄，我跟她坐的距離又很遠，除了我進來時點頭打過招呼之外，到離開的時候都沒有機會跟她交談。

於是我翌日便透過臉書給她發了一個短訊，講解我對於比賽的某些問題。交談間我知道她即將會推出她新書《我的九十年代歌詞療癒誌》，而她也透露了一些讓我覺得非常有趣的經歷，於是便由查詢變成邀約做訪問了。

訪問前她送了我一本新作，而我也在訪問前完成閱讀，因此可以在訪問中跟她討論書中的一些觀點。訪問很順利，我也了解到她的成長背景和工作相關的有趣點滴。詳情大家可以到頻道看看那個影片。

我從她身上的學習，就由那場訪問之後開始。

看到自己的不足

那兩個比賽我如期交了作品，自信滿滿覺得應該會奪冠（現在回看根本就是不自量力和自視太高），當然最終是落敗收場。

我亦有在社交媒體發文宣洩一番。游思行也有發短訊給我，說找個機會見面告訴我落敗原因。但由於大家都太忙，始終都沒有碰面。那時是 2024 年 11 月。

直到 2025 年 3 月初，我開始要為這本書寫稿了。每天很早便起床回工作室剪片、拍片、寫書、商談合作、搞講座……忙到不可開交。一有空閒時間都盡量留給和 B。就在忙到頭昏腦脹之際，收到游思行的短訊，她的新書《二十世紀歌詞愛情療癒誌》即將推出，希望找我寫其中一個推薦序。

這麼看得起我，就算再忙也得騰一點時間寫吧，反正自己也在寫書，文字處理已變得順暢，於是便一口答應了。

她可能對我很有信心，並沒有給我太多指示，只要求字數大概一千字和起個標題便可。她還附上了整本書的目錄和內容給我參考，但我竟然回答沒時間，應該不會看了。於是就在她給我的限期前三天，我便開始寫那個序，但這個序最終是被退貨的，大家不妨先看看我怎樣寫：

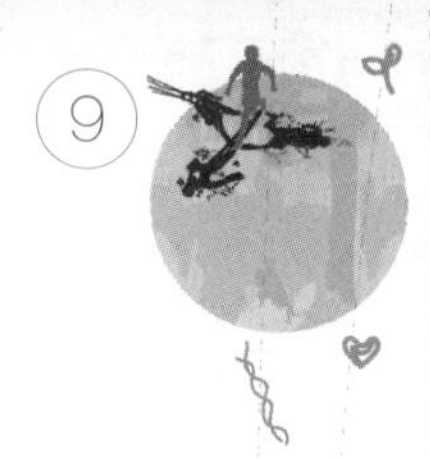

【回憶是共同的就美好了】

2024年，我參加了兩個填詞比賽。兩份詞我自覺是巔峰之作，應該輕鬆奪冠。誰不知，兩首作品都沒有得到任何獎項。而游思行就是這兩個填詞比賽其中一位評判。好的，暫不找她晦氣，先找數為她的新書寫序！

作為一個七十後土生土長的香港人，很多廣東流行曲基本上是在血液裡流動的。因為成長的過程，沒有現在那麼多娛樂，聽歌是生活中很重要的一個環節。那時候聽歌，是會看着附在錄音帶盒子裡、印得非常細小的歌詞，一邊看一邊跟着唱，直到不用看歌詞也會唱為止。這樣聽歌，旋律和歌詞怎不入血入骨呢？

隨着成長，流行曲也是組成生活回憶的重要部分。上課抄歌詞、改歌詞或者對着心儀的女同學有意無意地唱當時流行的情歌，是中學時期經常會做的。到中五會考放榜，一班不夠分升讀中六的同學，圍在公園裡唱着 Beyond 的歌互相勉勵，當時唏噓的情景還歷歷在目。後來到社會做事，工餘和三五知己到K房喝酒唱歌消遣，熟悉程度已經不用看着螢光幕行走的歌詞也可表演自如。現在年過五十了，去K房唱歌可能一年一次吧！但每次跟昔日好友都會點唱當年經常一起唱的歌。當去到副歌高潮位的時候，互相打個眼色，無數回憶霎時間從螢光幕的舊 MV 湧出來了，真是一首歌一個故事啊！

這些都是歌詞帶給我的回憶！

經常聽人說，不要再活在回憶裡，活在當下吧！但偶爾把回憶帶到當下，也是很美好的體驗。每次和很久沒有見面的朋友聚會，總是把往事翻出來懷緬一番，那怕已經是講了無限次的。那種大家擁有共同回憶的溫馨，是維繫友誼的重要元素。遇上不熟悉初次見面的朋友，交談之下發現彼此都有共同的回憶例如一個人、地方或喜愛同一齣電影同一首歌的時候，隔膜一下子便消失了，距離瞬間拉近，彷彿跟這個人已經認識很久了。

看游思行的《我的九十年代歌詞療癒誌》就是有這個感覺。我是看了她這本書才邀請她做訪問的。一邊看一邊被她的文字帶到那個年頭的情懷。雖不至於感動落淚，但心靈的慰藉和滿足，實在難以形容。看的時候，總是帶着期待。她下一首會講的是什麼歌呢？我心裡的那首歌又有沒有提及到呢？最終她也沒有讓我失望，書中第二首分享的歌便是我很喜歡的《早班火車》，不是因為歌

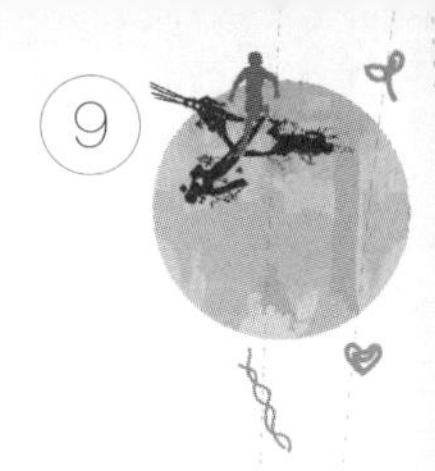

詞如何如何，而是年青的時候，在每次卡拉OK聚會的尾聲，當眾人都飲得醉醺醺，沒有興致再唱歌的時候，我便會偷偷點選這首歌，開着伴唱，讓大家沉醉在這首略帶迷幻的歌曲之中。她為我帶來這樣的回憶已經很美好了。當然，再看她分享這首歌關於分叉路軌對人生的聯想後，我也有很深的體會，尤其最後那一句：總之，往後、永遠，都關乎現在每一個選擇。說得一點也沒有錯，往後的回憶，就在現在建立吧！

當答應思行的邀請，為她的新作《二十世紀歌詞愛情療癒誌》寫序的時候，她也同時間附上歌單。但我希望也像上次一樣，帶着緊張和期待的心情看她的新書，所以我沒有偷看歌單的歌名。既然是「愛情療癒誌」，我很有信心她會讓我找到很多（一、二……三）會共鳴的回憶。

說找她晦氣只是說笑吧！覺得自己會贏出比賽也是自我打氣的方法而已。她說有機會便告訴我落敗的原因已經是好幾個月之前的事了。其實知道不知道也不打緊，創作過程已經締造了很美好的回憶，包括等待揭曉落敗原因。或許這便成為我跟她共同的「未來回憶」吧！

大家如果純看這段「我的」文字，了解一下我的過去和情感也不錯，但我是在為別人的新書寫推薦序啊！不斷講自己的往事，究竟知不知道寫序的用途呢？當我完成的時候，看了數遍還感到很滿意後，便發給游思行了。心態就跟當初參加填詞比賽差不多：她應該很滿意！

發了給她不久，看到是雙藍剔了。但等了很久也得不到她的回覆，心知不妙。直至第二天早上，看到她的訊息，大概字數也有我的序那麼多，告訴我，推薦序並不是這樣寫的。

我不打算放那段文字了，內容都是在告訴我寫作重點放錯了，沒有看清功能和需求，這也是我填詞比賽落敗的其中一個原因。她語重心長，一針見血地指出我的問題所在。最後還鼓勵我要成為靈性成長的代言者。

看完她的建議後，我彷彿由萬丈迷霧中走出來了。那一刻我只感到很療癒，是因為她告訴了我落敗的原因還是終於有人不留情面地指出我的不是？或許是或許不是，因為當時的心情實在很複雜，既慚愧又恩惠。但我只感到自己終於明白某些東西了，一些

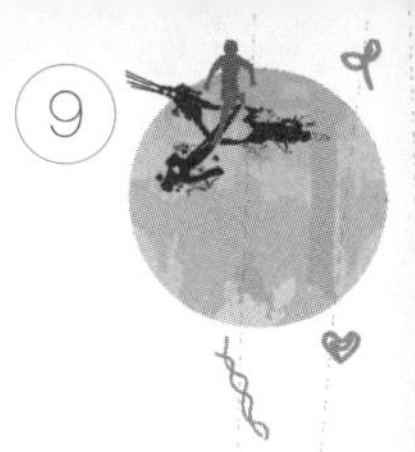

連自己都不覺察的糾結解開了。於是我立即回覆她：好的，我再寫過。

那天是星期六上午九時，和 B 剛剛吃過早餐又睡了。趁着這個空檔，我開始重新寫過那個推薦序。還沒下筆便清晰地明白了，人家兩本書都叫「療癒誌」，身心靈最講究的就是療癒，她邀請你這個做身心靈頻道的主持來寫序，就是希望我朝着這個方向寫，怎麼不斷寫自己那些無關重要的往事呢？於是我收拾心神，看看她給我的新書內容和目錄，花了不到一小時便完成了。經她和出版社的批准，在此讓大家看看那個第二稿推薦序，當然你有買她的新書，自然也看過了。

【一起共振，讓心靈變得強大】

身心靈經常會提及一個範疇就是療癒。我的頻道有很多節目都是透過嘉賓自身經歷的分享，讓觀眾對照自己的人生，只要有共鳴，發現不是只有自己有那個遭遇的時候，已經有療癒效果了，根本不需要任何解決方案。我就是看了游思行《我的九十年代歌詞療癒誌》便跟她做訪問的。因為書中以九十年代的歌詞來連繫到生活中不同的情況，例如生活變遷、工作、家庭、友情、愛情……讓

讀者尋找和對照不同情況的自己，從而療癒人生。

今次她的新作《二十世紀歌詞愛情療癒誌》就主攻愛情。這個有趣了，因為人與人之間的關係，好像愛情是特別複雜和多種類，例如暗戀、單戀、相戀、三角戀、苦戀、自戀。每種愛情去到「戀」的地步，就會像這個字一樣，兩個人在心上，用言語糾纏不清，要走出困局談何容易。

看看她要寫的歌單，全部都是我熟悉的歌曲，而探索的正正就是我剛才所講的那些「戀」。而其中一首《相愛很難》，我也曾邀請一位嘉賓以佛學形式探討，所以當然特別關注她說什麼。

其實相愛真的很難，尤其老夫老妻。她提到一個觀點我是很有共鳴的，就是「和別人如此親近，自然會看到很多不願接納的東西，而對方不一定會為你改變。」就我自己而言，已經有很多壞習慣沒有為太太而改變。很多時都會因為我的壞習慣而吵架，例如容易發脾氣，因為恃着跟她最熟，所以就拿她來出氣。或者以指責方式，以為出於愛便直斥其非。是否不愛對方？不吵架時又很愛啊！所以她也說到語言的問題，我們所說的是否體諒和溫柔，在指責和抱怨的過程，看清自己，不斷把棱角磨平，自然會懂得如何輸出愛。

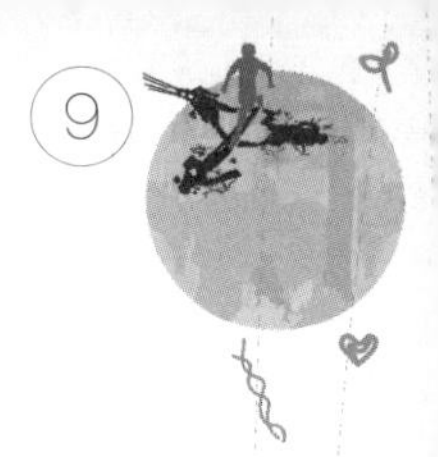

書中思行也用了一些自身經歷和原生家庭的制約來剖析對愛情的看法。有沒有共鳴就視乎讀者的經歷。但透過歌詞配合她個人經歷說故事，我感受到她自己也很療癒。我做了身心靈頻道這幾年也明白，要療癒別人，就先療癒自己。而往往療癒自己，都是先了解後接受。我的節目中也有嘉賓提及過，當我們的頻率和某些事情、人、動物、電影、音樂、書本……是同頻的時候，彼此的相遇便會產生建設性干擾（Constructive Interference），即是本身頻率會因此而變得更強大。對於思行這本《二十世紀歌詞愛情療癒誌》，相信讀者必定會找到某些共振的頻率，從而讓心靈變得更強大和了解到自身面對的愛情問題，也只是人間其中一個故事而已，用不着呼天搶地、自怨自艾。當了解自己然後接受自己，療癒便在無聲無息中出現了。

這篇序得到她回覆四個字：掂啊呢篇（這篇可以了）！

讓大家看這兩篇序，不是要看我的文筆有多好，而是當中的改變。

在訪問中和她的書本都可以看到，思行是一個很懂得感受生活細節和情感豐富的人。她分別用歌詞寫了兩本關於療癒的書，

就是希望透過歌詞說故事，然後讓讀者自己去尋找當中的共鳴，從而了解自己、接受自己和改變某一些舊信念。那麼便可以打破宿命改變生命軌跡。她就是有能力讓自己和別人看到人生的多方面。

今次給她寫序的小故事，其實在我心裡有很多小劇場。當她指出我的不是時，我看見自己一向引以為傲的自信，原來只是自大的投射。恃着有少許聰明，做事經常托大，根本沒有做好準備，便魯莽行事。當我看見自大時，也看見憤怒和慚愧。憤怒固然是因為被別人指責，心胸狹窄而產生的。慚愧就是發現原來自己水平那麼低還經常逞強。瞬間也看到感恩、提醒、改變，就是很感激一位萍水相逢的朋友，能夠爽快地指出自己的過錯，讓我回溯自己過去原來一向都是這樣，是時候要改變了。這些「看見」就在那一剎那，凝聚成一股力量，讓我重新振作起來。原來「看見」就是療癒的開始。

Ego 自我

「看見自己」那麼多，其實不就是我們經常掛在口邊的Ego（自我）作祟嗎？大概五六年前，我試過跟一位不太身心靈的朋

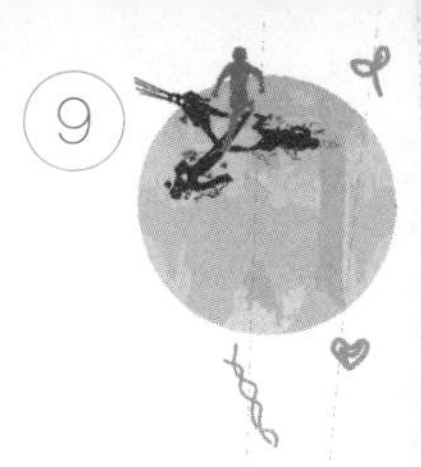

友討論過 Ego 這個課題。他堅持說，人不可以沒有自我，缺乏自我便很多事情都做不成了。例如創作，那個作品怎麼可能沒有自我在內呢？如果沒有自我，那個作品便變得沒有作者的靈魂了。

我也很認同他的講法，但是我隨即說，自我往往就是偏見的源頭，自我越大，偏見越深，所以還是把自我縮細一點吧！聽我這麼說，又輪到他認為細小的自我，會令到做人沒有主見，生活上很多事情都不能自主。於是這個對話便進入沒完沒了的狀態了，我們雙方都各持己見，最終在沒有結論之下終結。

現在我對於 Ego 有另一種看法。

其實人怎麼會沒有自我呢？我們一開口便是我我我。如果寫這本書的時候沒有「我」，相信讀者都不知道是誰在說話吧！所以 Ego 這個心的產物，只不過是看什麼時候讓它出場退下，什麼時候把它放大縮細而已。以我的例子來說，對於填詞參賽和幫游思行寫第一個序時，我的 Ego 大到什麼都看不到，只看到 Ego 所創造的東西，就是我做什麼都是最好的。而我過去幾十年一直都是個極度自大和傲慢的人。

當我被她指出那些錯誤的時候，其實我可以選擇繼續把 Ego 放大，就是不認錯，堅持自己所寫的是水準之作，然後強勢說服對方收貨。事實上，我在生活中也是經常這樣反應的。如果有人提議修改我完成了的工作，一般我也不理會。但由於她所講的都是直指我的死穴，而且那個推薦序是放在她的作品上，那一刻我反而好像被打通經絡，彷彿由沉睡中甦醒過來。是自己的工作，那個 Ego 便放到無限大，大到什麼都不理會。原來為了別人，我的 Ego 可以在瞬間被縮到最細，這樣我便可以抽離地看到別人給自己意見的用意和問題的癥結所在，從而作出彼此都認為最恰當的反應，就是從頭寫過。

或許你會認為，收小 Ego 便是退縮的表現。其實有時候退縮便退縮，又有什麼所謂呢？

當年跟我爭拗的朋友，他也是對的，就是有時候我們也需要把 Ego 放大。除了藝術創作之外，當被別人欺負壓榨的時候，適當地放它出來保護自己也是應該的。而在需要競爭的環境裡，在芸芸眾多的參與者當中，如果能夠把 Ego 放大一點，或許有助於突圍而出。

所以處理 Ego 這個問題，其實也像之前提及過的幾位嘉賓所說，就是修心。心修好了，Ego 便可以收放自如，也不會執着於它的大小了！

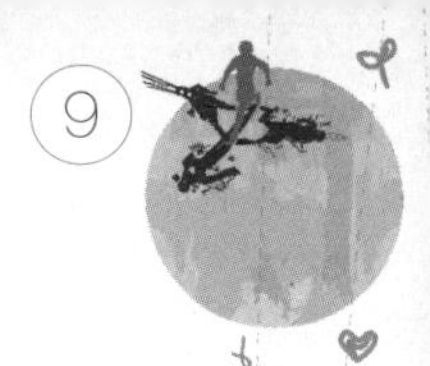

後記

其實游思行本來不會在這本書出現的，因為要寫的嘉賓一早已經定好了（思行請不要介意）。但還是那一句，宇宙總有最適合的安排。在我最忙碌、心情不太好（剛剛出了一條片，收音出了意外，投訴不斷）的時候，上天就安排了她讓我「看見」很多東西。

除了上面的內心小劇場，我也「看見」，雖然我很喜歡填詞，但根本就不是想進入這個行業，而是只想表達「我也做得到」這種妄念（也是 Ego 的產物）。有這種妄念，就是想告訴別人自己的能力有多高，根本就是虛榮心作祟。然而這種虛榮心背後其實蘊藏着很大的壓力，是自己沒有察覺到的。

這種壓力就是：力有不逮還在逞強。不只是填詞，其實我的人生中很多方面都是這樣運作的，包括朋友間打球、鬥酒、參加比賽一定要勝出；說話見解一定要比別人獨到；很多時都要營造到比別人強的形象……其實都很累。所以當她讓我「看見」的時候，人生很多看不到的結便自動鬆開了。看見自己不是的一面，自然也看到另一面，就是做人還是抱着謙卑的心，生活便經常處於療癒狀態之中，那麼還需要療癒什麼呢？

10

用知識說服別人

—— Tiffany

10

用知識說服別人 —— Tiffany

相信在眾多嘉賓之中，Tiffany 應該是最受歡迎的！首先他是 Wellen Time 的定期嘉賓，差不多一個月便會有一條與她合作的影片。而她主持的「Breakfast with Tiffany」系列，資訊偏門但又跟生活息息相關，內容複雜卻讓人聽得清楚明白，這些都是歸納了一些留言所得的評價。當然投訴探討內容太過深奧的亦大有人在，但總而言之，喜愛她的觀眾都有一個共同原因，就是對知識探索的態度。

Wellen Time 的觀眾當然知道，Tiffany 是躲在鏡頭後面不出樣貌的。不出鏡的原因已經有人問了很多次，我也不厭其煩再告訴大家，她是基於本身的工作理由而不可以出鏡的，完！

我跟她主持的節目，主要都是探討一些艱辛難明的科學，例如星體運行對地球的影響、量子糾纏、雙縫實驗、時間空間的關係……或者是透過科學來解釋一些身心靈甚至是佛學的概念例如第三眼、時空穿梭、空即是色色即是空……這些題目她都經過詳細的資料蒐集，有時候差不多需要一個月時間，然後再深入研究，在節目中盡量以觀眾會明白的角度來演繹。

每位看過「Breakfast with Tiffany」的觀眾，相信都

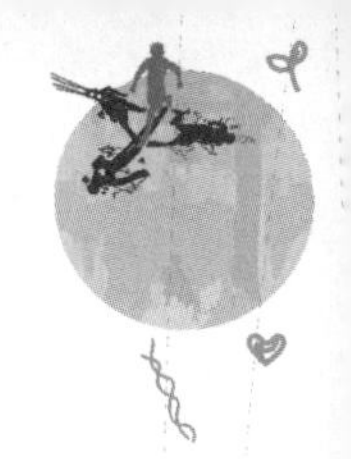

會感受到她那種對知識追求的好奇心，雖然不能說她的講解是百分之一百準確無誤，但觀眾很喜歡她把一些複雜的資料和題材深入淺出地講解。Tiffany常說：「如果你看了一次覺得不太明白，就請你看多幾次吧！」因為她自己很多時都是把蒐集來的材料看十多次，才能在節目中為大家講解。

不跟隨主流，什麼也問到底

跟Tiffany相識已經超過三十年了，我們是中學的同班同學，那時候她的讀書成績並不是十分突出。她有一種性格跟現在的她很一致，就是永遠不跟主流。

記得中學時期，我們都喜歡聽廣東流行曲，就是譚詠麟、張國榮、梅艷芳……再到後期的四大天王陳奕迅之類。但是她偏喜歡一些外國歌手，例如Depeche Mode、Pet Shop Boys、Guns N' Roses、Nirvana……雖然這些都不算偏門的樂隊，但起碼跟我這個喜歡主流廣東歌的同學相比，已經很另類了。那時我也是因為她的介紹才開始聽外國的英文歌。

至於她另一種性格，其實也跟現在很一致的，就是「包拗頸」。

這種執拗的性格，其實只不過是她對每樣事情都有另一種看法而已。在青少年的時期，跟朋友相處當然會因此而構成很多爭拗。但是漸漸長大之後，我們朋友間都開始明白，她這個性格其實也是她的優點。而且「包拗頸」背後其實有一個很值得學習的思想，就是不輕易相信和接受任何學說，一路問到底，才能夠更貼近真相。

當她知道我要出書時，我也有跟她討論過應該要寫些什麼內容。她提議何不以訪問形式進行呢？

W：「Tiffany，我和你做節目都做了差不多三十多集，那麼多資訊，其實我都不知道如何理順。所以當我要出書寫跟你學習到的事，我都不知道從何說起。所以今天就和你做個訪問吧！你可不可以講一下，其實你做了這麼多集節目，你是如何看這個世界的呢？」

T：「以前經常看國學大師南懷瑾的書，他曾經提到幾個問題我是很深刻的。究竟『我』是什麼來的？我在哪裡來的呢？我來這個世界做什麼的呢？之後我會去哪呢？我最有興趣就是這些問題。對於這些問題，我現在有一個大概的理解。」

W：「這個問題其實很多人都會問，但亦有很多人完全無法理解，完全不去想的。」

T：「人從哪裡來？死往哪裡去呢？」

W：「可不可以說，現在你已經找到一個很確實的答案呢？」

T：「我只可以說我找到一個可以令我開心幸福地生活的答案。這個答案是不是確實、一定是對的、是絕對的真理呢？我不知道。我只是知道現在拿着這個理解，我的生活沒有以前那麼迷茫、失落和走不出悲傷。」

W：「那是怎樣呢？」

T：「究竟我們人是什麼來的呢？我是人你也是人。我們在學校那裡，健教科最初只是教我們人類的身體、肌肉、骨頭那些東西，然後就教我們很多其他知識，教我們怎樣計數。但是一說到我們是怎樣來的，就只說是原始人進化出來的，然後再來才知道是爸爸媽媽生我們出來。」

W：「我姐姐說我是石頭爆出來的。」

T：「哈哈！但是（父母）從來沒有問過我們的批准，我們又不知道自己什麼時候死，做男生還是女生也沒有問過我們……又說我們是猩猩進化出來的。這個答案我就極度不滿意。我想沒有什麼人會滿意的，因為很明顯你看遍整個地球，我們人類好像是特別出眾，與其他動物相差很遠。誰真的信服達爾文所說，人類是因為『物競天擇，適者生存』，而由猩猩進化成現在的人類。其實有誰內心是真的相信呢？」

W：「我不信的。你覺得人和其他動物最大分別是什麼？」

T：「很多分別的。首先我們的手靈活很多，我們可以計算，我們可以創作，小學生作文，青青的草、藍藍的天空……已經要用形容詞，要有文彩。這些小學生可能只是一年班六歲而已，已經跟猩猩差那麼一大截。我小時候已經開始懷疑和感到很不妥，覺得學校教我們的東西很有問題。繼而就是怎樣興建金字塔。說法又很不妥的，你認為金字塔是怎樣建出來的？」

W：「小時候聽說是奴隸們把那些石頭搬上去的。長大後才知

道，地球上到現在也沒什麼機器，可以把那麼重和巨大的石頭搬上去啊！」

T：「是的！還有金字塔的方位是對着這個真正的北方（True North），不是說對着地球磁場的北極，而是它準確地對着北極星那個方向，誤差只有3弧秒（一個圓形有360度，一度有60弧秒）。這麼大的金字塔，建的位置一度偏差也沒有。還有，如果你在那個金字塔最頂端一點，吊一條繩向下指回地面，竟然是絲毫不差地指着那個巨型金字塔底部正方形中間那一點。那麼你可以想像，如果興建金字塔的過程真的是把那些幾十噸的石頭逐塊疊上，那些奴隸竟然可以剛剛好把最後一塊石頭在距離地面481尺的高空，放在正對中間的位置。而書本竟然說是那些奴隸做出來的，怎樣令人相信呢？」

W：「就算以現代的科技也做不到吧！」

T：「做不到。另外最近還有一個令我有點疑惑的問題，為什麼作為這個世界一個相對強大的國家，竟然會讓一個有腦退化的人做總統的呢？還要做了幾年啊！」

W：「很多人都說那個國家沒有人才了！」

T：「我有問過外國一些很有學識的朋友，他們竟然覺得總統這個位置是很難做的，誰會願意做呢？我完全不認同，即使一間普通公司的行政總裁職位也很多人想爭奪。一個總統的位置怎麼會沒有人爭？」

W：「那個國家還要有幾億人口啊！」

T：「是的！所以我就覺得很奇怪了。荒謬的事情越來越多，事實上大家內心根本是不會相信的，但是我們又好像習慣了。當人人都有同一個說法，那個說法便是真的。」

W：「我覺得某程度上都歸咎於我們所接觸的資訊。其實我們接觸的資訊可能只是眾多可能性的其中之一，但往往被說成是唯一的事實。我們整個成長過程中接受到的教育，都不會讓你有機會或接觸到其他比較所謂『另類』的解釋，就算有一些新的科學發現推翻了舊有的看法，我們的書本也從未真正地更新。譬如讀小學、中學的時候，不會有老師跟你談外星人存在的可能性吧！」

T：「當然沒有！他們會說沒有外星人這東西的，是傻子才會

相信。」

W：「是的，我長大後跟別人講關於外星人的事情都會被認為很神怪。」

T：「其實我們抬頭看看天空都看到很多星星，密密麻麻的。以前在中世紀的時候，有某些宗教就說，這個世界只有地球有人類，而地球就是那個核心，只有一個月亮一個太陽圍着地球在轉。有人就說，不是啊！其實還有很多其他星球的，那些星球還可能有其他的生物……」

W：「那些人通常都會被人燒死。」

T：「是的，下場就是被那個宗教的人燒死了！古人那個年代光害那麼少，看到天空這麼多星星，地球只是其中一個星體而已。這裡已經住了這麼多億人，那麼多星體在外太空，怎麼可能只有地球有生物呢？說出來也覺不妥。現在的科學就估計，一個銀河系裡面，一般來講就有一千億顆星星，即是會發光的那些，就像太陽，我們地球這些不算的。那麼一個銀河系就有一千億顆星星，你估計這個世界有多少個銀河系？」

W：「數不清那麼多吧！」

T：「就有二萬億個銀河系，那二萬億個銀河系裡面，每一個都有一千億顆星星，那麼就是天文數字那麼多了。如果裡面只有一個星球有生命，怎麼可能呢？我們小時候當然被教育要聽老師說話，書本講的東西你要背熟，然後去考試作答，不要亂講。告訴你原子是這樣走就這樣走，告訴你那個生物的心肝脾肺腎有什麼功能，你背熟了便可。講歪一點會怎樣？你會得到很低分，甚至不能升班。如果你挑戰老師你就肯定要被罰，或者叫你轉校。老師的版本要乖乖的全盤接受。但在這個世界，我第一次聽到有人說：老師講的東西是假的，不要信！」

W：「誰人那麼大膽？」

T：「就是佛祖啊！佛經說：『一切有為法，如夢幻泡影』，佛祖在2500年前就出來跟我們說：『你看到的、聽到的、觸摸到的、想到的，全部都是假的。全部都是幻影一樣，並不是真的。』當然佛祖所說的『真』和『假』是什麼，可以再講幾十萬字解釋。這樣一聽你可能會覺得這個說法太過誇張，但是如果有心機看過我二十多集節目，吸收了當中從科學發現的內容，你就會明白到，

我們身處的這個世界，從小到大，所有從學校、新聞、朋友、專業人士……所接觸到的知識全部都不是這樣！」

W：「那全部都是怎樣啊？」

T：「做了這麼多集節目的資料蒐集，我就發現那些另類解釋和非主流版本，其實比起我們在主流資訊或學校聽到的東西，可信程度高很多。所以我就覺得可以歸納一下這麼多集的節目，然後告訴大家我怎樣看這個世界。

大家首先要丟掉學校教你的東西，那些差不多全部都是錯的。第一就是，我們其實不是進化論所說般進化出來的。原來，我們的 DNA 雖然跟猩猩很相似，但是我們有一條『二號染色體』，是很明顯被人剪開過然後再駁上去的。科學家認為這個明顯是由一個基因工程形成，不可能是自然發生的。這個已經是證實了的事實，是有 "Peer Review"（同儕審查）支持的。

那就是說，在所謂『智人』（Homo Sapiens）出現時，其實就已經有一些很厲害的生命懂得做這個基因工程，懂得用猩猩的基因作為藍本，製造出我們人類這種生物出來。

於是我就知道，人類不是如舊有學說所講，我們從以前很原始很蠢且很落後，進化到現在處於文明的最高點。相反，遠古的地球科學曾經很先進，有一些很厲害的東西把我們創造出來。那些很厲害的東西是什麼呢？我不知道，他們有沒有身體？如果有身體我就會叫他們做「外星人」，或者「遠古地球人」。他們可能是來自地球的，或者從外星來的，又可能是菩薩、神、天使，但現在都消失了，只留下了一些教導，例如《易經》，又或者是一些建築物如世界各地的金字塔。但是無論怎樣，我偏向相信『人類是經由基因改造工程製造出來』這個說法，多於是從猩猩自然進化出來！

然後我就會問，他們有沒有留下什麼教導或者物件給我們呢？例如世界各地的金字塔？有沒有跟我們說過什麼呢？例如《易經》？或者我們可不可以變成他們呢？因為如果你看佛經是有提到方法的。」

W：「透過修煉。」

T：「可能是透過修煉、修行，或者你做了很多好事，死後可以去天界。聽說天界那些天人都是眨一下眼睛便已經傳情達意。

就是他們是有個能力，不用說話都知道對方想什麼的。」

W：「是他心通、心靈感應！」

T：「沒錯！那麼我們人類有沒有呢？佛經說我們會有的，我們可以有的。如果真的有這些能力，又有沒有根據呢？於是我就一步一步從科學的角度，就理解到其實現在的科學都有不少的解釋了。例如科學經已很清楚證實了是有遙視這個能力的。」

W：「天眼通！」

T：「對！以前冷戰時，美國軍方真的聘用了一些懂得遙視的人，去偷看當時的蘇聯的基地或軍事設備放在哪裡，然後進行軍事部署。這些都有詳盡的記錄。」

W：「之前我們曾有一集關於《尋龍尺》的節目中也有提及過。」

T：「是的，那一集講到有位叫Uri Geller懂得遙視的人，他可以看到相隔很遠的房間裡的物品，然後準確地畫出來。我們主流的系統還跟我們說這些是騙人的。現在資訊那麼發達，我們其實很容易便知道，原來很多人都有這些能力，而且還有科學的印證。」

一切都是「場」

W：「這些能力是怎樣運作的呢？」

T：「我看了那麼多資料就發現，原來中間連繫着一個很重要的因素，叫做『場』的東西。」

W：「一個 Field。」

T：「沒錯！原來我們這個世界就是充滿着這個 Field。我和你之間，不是只隔着空氣的，還有一個充滿能量的場。這個場本身有很多不同的名稱，例如：量子真空能量場（Quantum Vaccum Fluctuation/Quantum Field）、源場（Source Field）、炁、Prana，是無限大、無限小、無處不在的。如果

你能夠從這個場中一立方厘米，把能量轉化出來，已經足以燒滾整個海洋了。而這個場是有一個特點的，就是它裡面裝着全部的資訊，意思是隨便一點也有了其他任何一點的所有資料，就是說這個場是無所不知的。」

W：「這個我們在做《全息宇宙》那一集的時候有講到。」

T：「沒錯！所以做到心靈感應或遙視就是這個道理了。還有量子糾纏，如果在實驗室裡設定某些特定條件，然後創造兩粒東西向不同方向射出。當它們去到相隔很遠的地方時，如果其中一粒有一個行為，另一粒也會在同一時間作出同一個行為。」

W：「好像是它們能夠交換資料而不會被距離阻隔，而且還是同步的。那些粒子自己有心靈感應？其實怎樣做到的？」

T：「不是通過電波、聲音，也不是通過光，就是通過這個無形的『場』，裡面裝着所有的資訊，就這樣即時交換，速度比光速更快。」

W：「這個場在哪裡？」

T：「原來這個場是無處不在，虛空又有它，這張桌子又有它，你的身體又有它，其實你本身就是它。你的身體細胞都是由元素周期表裡那些原子所構成。一百年前就有量子物理學家研究和分析發現，每一粒元素周期表裡面的原子，如果不斷分割分割再分割，原來都是空的，剩下的都只是個沒有『物質』或『實體』的場。」

W：「佛祖又說對了！空即是色、色即是空！所有有形有相的物質，其實都是空的。但是我們又明明覺得有東西啊！例如我用手打在桌子上，我的手會痛，那又怎麼解釋？」

T：「那是因為桌子裡面的能量場和你手的能量場大家互相抗阻，有一個彈開的力。就好像磁石那樣，同極的時候大家互相頂着。」

W：「那麼建構這個宇宙萬物，其實就是不同場的吸引力組合出來，可不可以這樣理解？」

T：「所有能量都不停在動，能量大部分時間都是用螺旋的形

式運行的。如果有一堆能量好像一班小朋友圍在一起，在那裡手拖手圍圈同步地跳舞，即是那些能量同步一起轉時，就容易成為一個能被看見或量度到的『物質』。如果不是，我們就不能那麼容易察覺那裡有物質的存在。

這個場，如果用我們的五官，其實不是經常在我們能看到、聽到、聞或接觸到的範圍。因為我們五官能夠偵測到的那一部分實在是太狹窄了。例如蝙蝠聽的也比我們厲害、狗的嗅覺也比我們敏銳、鷹看到的也比我們遠。所以我們就不要以為，我們看不到的、觸摸不到的東西就不存在。以前我閉上眼睛就會觀想有我這個身體、皮膚，還有這個粒子之類的實物。現在我閉上眼睛就會觀想自己是透明的，因為量子物理學告訴我們，你我根本就不存在，沒有東西是存在的。」

W：「在打坐入了定境或者喝了死藤水入了狀態的時候，我就試過身體好像跟虛空合一了。真的感覺自己是透明的。現在你告訴我關於『場』這個概念讓我更加明白了。」

T：「所以當你是一個場的時候，你什麼東西也不是。坐在你

旁邊的我也是一樣，沒有『實體』的存在。我們最多只是幾堆能量，我和你身體的邊界也只是錯覺，我和你之間其實是沒有分界線的。外國有一位中了風的醫生 Jill Taylor 曾經分享過，當她經歷中風時，左邊的腦袋浸滿了血，她就看到自己碰着牆壁的手，跟牆壁是沒有邊界的。她和那道牆已經是合一了。那一刻她的內心極爲平靜，她用『涅槃』來形容她當時的狀況。其實我們的腦，只要你有其中一部分不運作的話，你便會看到真實的另一面，就是看到那個場的那一面。」

W：「其實我們的腦本身是處於兩個狀態，兩者同時運作的。但是當某部分例如邏輯或區分的功能關閉了不能運作，就立即變了沒有邊界，所有東西混為一體。」

T：「你也可以說關閉腦部某些功能，另外一些功能就會純粹地感覺到能量的變化。所以人是可以感覺到對方的感受，即使對方沒有說出來也可感受得到。」

W：「情緒不一定是用口說出來別人才感覺到的。有些比較敏感、直覺較強的人，坐在一個不開心的人旁邊已經能夠感受到他的情緒，即使那個人笑着也遮掩不到不開心發出來的能量。」

意識不在腦內

T：「這些情緒和你的感覺，都是一些思考的能量動作。你的情緒是靠什麼產生的？對方又是靠什麼去感覺到的情緒呢？」

W：「就是靠意識！」

T：「沒錯！意識又在哪裡呢？有些科學家就認為，意識是在腦袋裡的，有個腦才有意識，這叫做唯物。但是我不相信的。看了那麼多資料後我覺得，現在的科學其實已經是知道，意識不是在腦裡面的。有些人的腦袋只有 2% 正常地運作，其他部分的組織都變了水變了海綿，但是他都可以跟正常人一樣運作。這些現象醫生都解釋不了，這個世界有很多這樣的例子。所以我覺得意識是不在腦裡面，腦袋比較像一個天線和解碼器，能夠接收和解讀腦袋外面這個能量場的各種訊號，在腦中建構出一個世界。」

W：「那麼意識又在哪裡呢？」

T：「這個世界絕大部分的宗教都說你死了之後，意識仍然會存在，否則怎麼上天堂下地獄？有些就會說你會輪迴，那麼輪迴的不是我們的身體，而是我們的意識。身體就好像是一套衣服，

你投胎時，意識就去了你媽媽的肚子裡，然後就穿上胎兒那套衣服。這一次的生命來這個世界，就是穿着這套衣服過生活了。但是我們的意識是永遠都存在的。我相信，當死了變成靈體的時候，我們就會發現，原來自己雖然沒有了身體，已經火化了，但意識還在。然後投胎又出生，你把前世的一切都忘記得一乾二淨，又以為你真的只有這個身體。然後你又死了、出生、死了、出生……

至於生死輪迴就有很多案例作證了。例如有個外國的小孩子就跟家人說，他以前是開飛機的，在某個島嶼做任務時因飛機失事而墜毀身亡。又有另外一些案例，小孩子能夠說出前世住在哪裡，然後在現世父母的陪同下，找到了前世的太太，還跟她說了一些晚上枕邊話才會說的事情。這些案例真的很多，尤其是印度。外國有些科學家也有做研究，還跟進了幾十個這些案例，全部都是有紀錄的。」

W：「那麼輪迴投胎是真的了。」

T：「很多案例都證明了這一點。不過我們的主流媒體都在告訴你，迷信！就是不想承認。

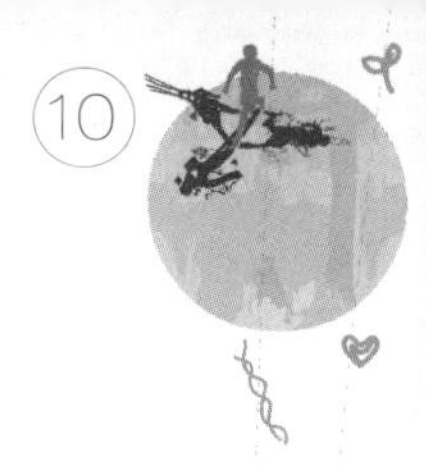

我們其實在一個場裡面，而且我們自己就是這個場。我們平時見不到這個場，是因為我們的五官所運作的範圍真的很局限。我在《第三眼》那一集裡面說到，其實是有很多方法，是可以擴大我們能夠接觸的範圍。例如那些把自己困在一個黑房十天，用一些特別的呼吸方法，或者簡單一點用聲音，像Didgeridoo、水晶頌缽，或是一些重複的鼓聲，都可以令我們進入一個改變意識的狀態。

我們可以因此稍稍接觸到這個場的另外一些面貌或資訊。而那個能夠接觸到『東西』的維度，是真實存在的。我們在《第三眼》裡都有講過，科學家發現這個接觸，其實是可以重複的。例如那些注射了DMT的人，他們見到的那些東西跟喝了死藤水的人看到的和經歷到的，都有很多相似的地方。即是說，當那個改變意識的狀態出現之後，那個境界是真的共同而客觀地存在的。」

W：「如果你可以重複驗證到的，就是科學了！」

T：「是的。醫生Rick Strassman就真的做了這個科學實驗，而我們可以擴大的那個接觸範圍，都是用生命潛能的一個部分。」

愛是永恆

T：「我覺得最深刻的學習就是，如果你能夠真心相信你真的不會死時，即使你現在出生的命不好，然後死了。死了再換另一個生命，然後又經歷了些什麼，然後又死了、生了、死了……原來死是沒有意義的，生也是沒有意義的，只是循環不息。當有一天你發覺，你的意識永遠也存在，你會怎樣？」

W：「……」

T：「你不相信意識永遠存在嗎？」

W：「你是說你發現到有『這個意識永在』時，你就能夠跳出生死？那麼你已經跳出生死了嗎？」

T：「我不知道。我覺得未必是已經跳出生死。我只是知道，即使我現在馬上死了，我的靈性是不會死的。原來我是永恆的，那你信不信你是永恆的？」

W：「我信呀！」

T：「當你知道自己是永恆的，對你又有什麼意義？」

W：「起碼我沒那麼怕死了！還有，開始去學習佛經所講的人生八苦，那些愛別離、怨憎會苦……可以逐樣去體會，逐樣去破解。死的時候，就是愛別離了，就是要和你身邊所有人、你喜愛的東西說再見了。我覺得這個對我來說暫時是一個比較難的課題，如果真的可以做到捨得，那我覺得自己就是相信意識是不滅了。而這一生也只不過是一個經驗，經驗過玩過便放下，那麼死也會死得安心一點。」

T：「你也可以擁抱那個不捨得，你可以感恩和享受那個不捨得。我自己就覺得，當我真的知道我是永恒時，如果遇到不如意的事，死根本就是沒用的，因為根本死不了的。既然死不了，不如選擇接受所有的發生，然後好好去活，接受你是永恒的這個事實。當你接受了你是永恒這個事實時，無論你是在做一個有生命的人、一隻蟑螂，或者做一個沒有了身體的靈體，你的意識都存在的。這個時候你會發現其實你只剩下每一刻。你每一刻都發現是沒有死亡這回事的。沒有死的話，每一刻都是『生』，那你便有一個永遠都是『生』的每一刻了，你想要死都不能。那麼生的時候，是感到受罪還是感到快樂，就變成是你的選擇了。」

W：「是啊！有些人的生活很貧困艱難，但是他們都選擇用一個開心的心情去面對。」

T：「就是你可以貧困而不苦的。苦與不苦就是那個心情。當你只知道你（靈性）就是不會死的，然後即使你（身體）死了，其實你都是活，總之你就是活的。你有個選擇，就是你怎樣去活！

我很喜歡一首流行曲《愛是永恆》。裡面那句歌詞『愛是永恆當所愛是你』，很偉大啊！但如果愛是永恆當所愛是自己呢？而你知道自己就是那個無限大的場，那個無限大的、那個懂得想東想西的意識，你可不可以永恆地愛自己呢？你可不可以永恆地在一個愛的狀態呢？就是永恆的那個能量，就是你以為旁邊那個人不是你，其實旁邊那個人是個能量場，和你的能量場根本就是同一個能量場。

只不過是，我這邊就是這一點的注意力，你那邊就是你那一點的注意力，大家剛剛在不同的注意點而已，大家一樣是那個永恆的、無限大、無限小的意識，那個本質都是一樣。那麼你可不可以永恆地愛自己，永恆地愛對方？對方都是自己，永恆地愛那隻蟑螂，永恆地愛那件物件、那個花花草草。你可不可以把自己等同是愛，選擇這個永恆的生命，用一個愛的狀態去存在。已經不只是活了，因為你是永恆的。其實活和死都是一樣的，當你有意識知道自己存在時，你會不會選擇愛的狀態，還是選擇憎恨、憤怒、恐懼？

有些人就說，如果你在愛的狀態，你的頻率就會很高；如果你是在恐懼、沮喪的狀態，頻率就會很低。我知道有些東西可以從你身體探測到不同的活動狀態，但我不用探測也知道，一個人當遇到自己所愛所喜歡的人時就會很開心，感受是很美好，每一日的時間都過得很快，不用吃東西都不覺得肚餓。然後希望那一天不要那麼快完結，最好自己不用睡覺對着對方。

相反一個人是很生氣或者很害怕，感受是不舒服的。如果可以選擇的話，任誰也會選擇想舒服吧！原來舒服是一個選擇來的，那我就選擇舒服，選擇開心。現在很多人連對自己都不慈悲，還想自我毀滅，那怎麼會快樂呢？

所以我不斷對自己重複提醒，我是這個永恆的一體意識，每天都跟自己講一次。因為我未能讓每一個細胞都活出這個想法，未能夠每一刻每一秒都活出這個想法。就是當我被人逼迫做一些我不喜歡的事情時，我都會很生氣。或者當我被人遺棄時，我也會感到沮喪。或者當我罵人時，事後我也會很後悔。這些情緒起伏仍然會在每一天生活出現。所以我早上都會跟自己說：『我是一個永恆的一體意識，我感恩一切好和不好的事。我知道所有東西其實都是不存在的，我知道我可以選擇用永恆的愛，去作為我的狀態，我可以用一個愛的狀態去活的。』我就是用這幾句說話每日提醒自己。」

11

重新認識自己

—— Wellen

11 重新認識自己——Wellen

嚴格來說我當然不算是嘉賓，但容許我厚面皮地也寫一寫自己吧！

有人會說，生兒育女就好像再重新做人一次，上天讓你學習一些以往錯過或者疏忽了的課題，那麼人生便會變得更加美好。

我有三名子女，在這差不多二十年，我從他們身上真的學習了不少。我可以從孩子身上看到小時候的我，因為大兒子小時候真的很愛說話，三四歲已經像個成人一樣和其他成人交談。另一方面，我也看到不是我的青春期，因為大兒子和二女兒都很乖，我像他們十多歲時，已經抽煙、喝酒、打架……什麼反叛的行為都做齊，讀書也是得過且過，做人根本沒有什麼目標可言。而他們在我眼中，簡直就是當年學校裡的模範生。

女兒比較沉默寡言，喜歡埋首作畫。但偶爾一句回應或提議又帶點調皮，說話很有我的影子啊！看着他們成長，我非常感恩，感恩他們沒有我成長時的迷惘。我經常抱持住一種不要干涉他們成長的態度，但有時候看不過眼，還是忍不住開口說一兩句。我好像沒有太過管教他們，很大程度都是太太的功勞。也許該慶幸我參與度不高，所以他們才可以這樣成長。至於只有歲半的和B，

我只可以確認一個訊息，就是上天認為我還有很多事情未懂，所以便派這個可愛使者來給我再上一課。

除了那三位上天恩賜的天使外，其實我還有一個兒子，他現在差不多五歲了。在過去這幾年，他也讓我成長了不少，亦助我面對了很多過去不想面對的問題，他就是 Wellen Time 這個 YouTube 頻道。

從前的我

或許大家認識 Wellen 都只是透過我和嘉賓的訪談，所以應該只看到我較為好的一面。如果要說從前跟現在的分別，便要有一個分水嶺來讓大家看到我的分別，那麼應該便是我去南美秘魯參加了死藤水儀式了。先讓我告訴大家，以前我是怎樣的一個人。

印象中，我好像小學四五年級時已經是很愛說話，經常在課堂上講一些「爛 gag」來讓全班同學哄堂大笑，那麼我便很滿足了。而老師講課的時候，我總愛不斷插嘴，所以很多時候都會被罰站

在班房一旁甚至門外。除了愛說話，就是極度活躍。上課時離位已經是等閑事，我也試過偷偷走到另一個班房上課，直到老師發現為止。到高中時更是經常逃學。當遇到不准說話和離位的老師，要我安靜上課的時候，我便會打瞌睡。

至於學業成績，有一個很奇怪的現象，就是我從中一開始直到中五畢業，我都是讀 A 班，而 A 班都是每一級成績最好的同學才可以進入的。整個中學生涯，其實我只得一科數學是比較出眾，很多時候都是全級頭三名，甚至試過考試得滿分。但其他需要背誦的科目，很多我都不會花時間去溫習，所以普遍都不及格。這個有小聰明、愛說話又好動、又不能集中精神的年青人，如果以現代的標準，很明顯就是過度活躍或專注力不足，一般都會被建議看醫生服藥甚至被勸退轉校吧！

現在回看，那五年我彷彿進入了一個結界，在那裡迷迷糊糊，感覺就好像靈魂被囚禁在身體內，每天在那個結界過着不自在的生活，總是想透過說話、離開、不合作來表達內心那種無明的不滿。

除了愛說話，我另外一個很鮮明的性格就是傲慢和好勝。一個這麼活躍的年青人，當然就是經常跑來跑去，而且還跑得很快。所以中一那年，我便參加了校內的陸運會 100 米比賽。我不是田徑隊，平時也沒有訓練，只是恃着有天生速度便去參賽。我不知道那來的信心，我只相信自己一定會勝出。那場比賽我真的輕鬆取勝，而且還在臨近衝過終點時，確認自己已經穩勝，我便轉過面，望着其他跑手倒後跑過終點。這種傲慢又缺乏體育精神的態度，當然就是換來體育老師透過擴音器大聲呼召我的名字，然後到司令台被訓話了。當時我並沒有任何罪疚感，只感到那一刻，全校師生都把焦點放在自己身上，感覺飄飄然，彷彿已得到了全世界一樣。

到讀大學的時候，這些性格依然存在，只不過表現方式有些不同而已。或許讀者們已經感到很驚訝，我這樣的性格設定，竟然還可以讀大學。是的，我也覺得是奇蹟，但是我並沒有珍惜這個奇蹟的出現。那四年的大學生涯，其實我是虛度的。現在你問我讀過什麼學習了什麼，我真的一點概念也沒有，因為那時候我真的太懶散，經常不上學，不是喝酒喝天光，就是打麻將到通宵。那時候大學只需要讀三年，我在大一那年，考八科只得一科英文及格，所以只好留班重讀。雖然如此，我還是以前一樣，繼續喝酒打麻將，基本上是完全沒有校園生活。但幸運地，這個學位總算是完成了，又是另一個奇蹟。

我寫出來讓大家看，不是想表達我不讀書也可以畢業這麼厲害，而是那個時期的我，就好像喝了迷湯一樣，完全不知道人生應該要怎樣活。心底裡總是有一種不能言語的不安。最終能夠畢業，到現在我也覺得是一個不解之謎。因為我對於考試前應該很緊張溫習的那個狀態，在我腦海裡是一片空白的回憶。而到試場作答試卷的情景，彷彿從來沒有發生過，整個大學生涯就在一片混沌狀態中結束了。

畢業後我也像一般人一樣，到社會工作，若干年後便結婚組織家庭，然後有下一代。話多、好動、高傲好勝、懶散的性格依舊，所以在成立這個頻道之前的最後一份工作，我是一名保險代理。因為對着客戶，我可以滔滔不絕地說話，而且可以外出工作不用留在辦公室那麼死板。保險業又是英雄地，做到成績全公司都會知道的，最適合要表現自我的我。上班又沒有規定的時間，只要有生意，其實有否上班也不太重要。種種條件配合之下，便讓我在這個行業浮沉了十三年。

在踏入保險業界的最初期，大概 2012 年左右，錢是賺到了，跟太太也很恩愛，而且兩個子女也天真活潑，生活理應很快樂無憂，但是心底裡那種無明的不安就是揮之不去。我大概感覺到這

是跟人生意義、生命、生死……之類的課題有關的，於是便開始閱讀相關書籍和留意一些跟身心靈有關的活動。

最初都只是看一些入門版的例如《心靈的雞湯》，漸漸開始涉獵一些宗教書籍。第一本看的就是南懷瑾老師口述的《金剛經說什麼》。這本書開啟了我對佛學的認知，之後便一發不可收拾，《人生的起點與終站》、《靜坐修道與長生不老》、《如何修證佛法》……花了很多時間拜讀他的著作，有些還會重複翻看。不只是佛學，對於人生也開拓了另一種角度。經常會把他所講的人生哲理，跟自己的人生作對照，有時也會在心底裡感到一絲慚愧，但放下書本後，便又忘記得一乾二淨，做人依然故我。

後來因緣際會我參加了一個宗教團體，那裡每一個人都謙虛有禮說話真誠。最初我總是感覺到自己格格不入，但礙於那個場合和氣氛，我也開始配合他們，顯得有禮和謙卑。離開了道場也像放下書本一樣，還是那個我。

但是日子久了，那種兩面人的狀態，其實經常在內心交戰，尤其很害怕同修們知道我會喝酒抽煙講粗口這些行為。而同一時間又滿口佛語跟別人交談，更會用一些佛學道理來教導別人。其實

那時候我的心理是極不平衡，覺得自己做人很虛假，沒有勇氣向別人展示自己真正的一面。而這些不安的心態，我從來沒有跟別人傾訴過，那種鬱悶的能量便在無形中不斷累積並困在身體裡無法宣洩。

要解決這種鬱悶感，我選擇了喝酒。說真的，喝醉了真的能解千愁，但醉醒了，問題其實依然還在，而最實在的問題，當然就是影響健康了。那時候我的痛風發作開始頻密了。每次發作都是服藥止痛，過一星期便會「康復」。其實那根本就不是康復，而是症狀稍為歇止而已。深層問題就是肝臟和腎臟的功能減弱，導致不能分解尿酸。再加上鬱結的情緒，那些能量便透過尿酸累積在身體的關節。

當時又怎會知道這些道理呢？於是每次「康復」不久後，便又再重投酒精的懷抱，而發作的幅度，由最初一年一兩次，慢慢變了一年五六次。順帶一提，慎防一些讀者不知道痛風的可怕之處，就是發作的時候，真的有一陣風吹過患處，也可以令你痛不欲生。而發作的時候，是嚴重影響行動的。我試過要走一段五分鐘的路程去看醫生，結果差不多用了四十五分鐘才能夠到達，真正的寸步難行。

有這麼痛苦的經驗應該覺醒了吧？人生這個劇場，如果劇情那麼簡單便不好看了。我當然是沒有戒酒，而且還僥倖地覺得，今次康復了應該是發作的最後一次。大家可以想像，一個人要愚癡到什麼地步才會有這種想法。在那段時間，我一直在喝酒、發作、服藥、康復、喝酒這個沒完沒了的循環裡在輪迴。直到 2016 年，我去了南美的秘魯參加了死藤水的儀式，人生才稍為看到了一線曙光。

神聖的學習

在本書開首小克的章節我也講過，死藤水儀式是會改變意識、人生觀、價值觀的。而這趟旅程真的徹底地改變了我往後的人生。在亞馬遜森林那十天裡，除了五次的死藤水儀式外，大部分時間都是獨自一個人，聽着大自然的聲音在發呆。而發呆的時候，也會回想昨晚死藤水給自己的學習。那些學習是有次序的，我不妨在這裡簡單告訴大家。

我很記得第一杯死藤水經驗是很美好的。祂（因為這個植物真的很神聖，所以用這個祂）讓我感受到過去十多年，我從書本或其他途徑所學習的身心靈名相究竟是怎樣的。例如合一，祂讓我體會「感覺不到身體」是什麼感受的，然後跟面前的虛空融為一體，我就是這個宇宙，意識可以去到無限大，也可以去到無限細。在那個時刻，我便是那個薩滿、其他每位參加者、在屋頂盤旋的蝙蝠、在池塘呱呱叫的牛蛙、整個森林，甚至是躺着的木地板，他／牠／它們全部也是我。這個世界就只有我，而我就是這個世界。這些都是我以往在書本上看到的描述，就正如現在讀者們看到這段文字一樣，以前我只可能盡量意會那個情況，沒有感受過是沒有辦法理解這種超越文字語言的狀態的。稍後我所講的所有感受也是這樣。

還有愛！在那個狀態，愛的感覺變得很玄妙。除了一般的父母妻兒朋友的愛，原來你不喜歡的人，甚至是仇人，在那個維度，你會看到很多愛他們的理由。這些人物勾起我很多回想，父母妻兒朋友的回憶當然是充滿愛，但是一些我討厭或有過節的人，當我回想到他們怎樣對待我令我不喜歡他們時，我竟然看到另一面，就是他們是出於愛才這樣對待我。聽起來很不合邏輯吧！但是在那個維度，邏輯變得不適用了，我真的感受到這種不合邏輯的愛，而這種感覺的伸延，就是一切都是愛。那種愛不能歸類為情侶間的愛、父母子女親情的愛、朋友的愛……就連無條件的愛這種愛也超越了，但是通通都包括在內。這種感受讓我更加珍惜所擁有的愛和放下很多無謂的嗔恨。

經過這麼美好的體驗，我彷彿去了天堂遊玩了一晚，也嘗到不是平時的意識狀態，原來可以是這麼神聖的。當然我知道一些有修行的朋友，透過打坐也可以去到這個境界的。對於我這種沒有修行的人，就當是上天恩賜的一條捷徑，讓我一窺宇宙真相的奧妙吧！

到第二晚便不是這光景了。這裡有一個小插曲，就讓大家先笑一下吧！

第二晚我痛風發作，痛得要別人攙扶才能夠進入儀式場地。我住的茅屋跟儀式場地都有一段頗遠的距離，小克和夏導分別攙扶我左右兩邊，好不容易一拐一拐地才走到那裡。我滿頭大汗而且神志不清，正喘着氣休息的時候，夏導突然煞有介事地對我說：「原來今天儀式場地改了，要回去我住的地方那個方向了！」那一刻我猶如世界末日般，正當我差點要哭出來時，小克說：「他戲弄你啊！不要理他！」大家可以想像我痛得有多厲害，連基本的分析力都沒有了。

夏導就是這麼頑皮！

當儀式開始之後，我不斷期待藥力發作。因為第一晚我經歷過

沒有身體的感覺，自然希望今晚也有這種感覺，讓我的痛楚得到舒緩。果然不到半小時，我便開始感覺不到身體了，而痛楚的感覺亦消失。當我以為又會有美好的事情發生的時候，我彷彿一下子被丟進一個有地獄氣氛的空間。

我感到很恐懼，有一種永遠逃離不出的感覺，那種無力感讓我感到快要窒息，而且不斷咳嗽。正當我徬徨無助之際，突然腦海裡有一把聲音（我覺得是我自己）跟我說：「如果你能夠想到一句說話可以令你停止咳嗽，那麼你便不會咳嗽了。」於是我好像在大海中快要遇溺時看到一塊浮木一樣，拼命地去想究竟那句是什麼說話。但是想來想去也想不到那句可以停止咳嗽的說話，那塊浮木好像越漂越遠離自己，於是我便咳嗽起來了。一咳嗽我便又再想那句說話究竟是什麼，當然又是想不到，再次痛苦地咳嗽。醒後其他參加者告訴我，我差不多咳嗽了三小時。當時的感受，彷彿就是無限劫那麼長。

就在這無限劫折磨讓我感到絕望的時候，我還是想不到那句沒讓我咳嗽的說話，腦海突然閃過一個念頭：我投降放棄了！而伴隨這個念頭的另一個訊息，就是戒酒吧！那一刻我彷彿從無間地獄重獲自由，那種喜悅沒法用言語文字可以形容。

當我從地獄走出來的時候，我開始回想自己的人生、性格、遭遇、和別人的交往……所有範疇都來一次大檢視，而且過程非常仔細。例如某日我跟朋友說了一句嬉戲說話，當其時他並沒有表示不快，但在喝了死藤水這個狀態之下，我清楚看到我那句說話為他帶來了什麼傷害，令我感到非常慚愧。又或者，自己從小到大表現得那麼傲慢，其實只不過是自卑的投射。很多範疇的能力根本就不及別人，於是便處處都表現得很好勝，以虛假的氣勢來唬嚇別人。其實自己輸給別人及失敗的事情多不勝數，只是沒有去面對而已。

人生中種種虛假的表現，背後其實都是內心的不安所支配。我明白到，我那麼愛喝酒，其實只是想用酒精來掩蓋心中那種不安的感覺。當我想到這裡，眼淚便流過不停，但是心，終於打開了！

宗教信仰

往後的死藤水儀式開始沒有天堂地獄之分了。主要都是人生中不同課題的教導，例如宗教信仰。

我一向都偏向喜歡佛教，但所知的都只是皮毛。我很嚮往自己能夠完全理解佛經裡提到的狀態例如空、定或者真的讓我看到前世今生，那麼我便印證到輪迴了。當然還有那些神通。所以去參加死藤水儀式的其中一個目的，就是希望可了解到佛經所講的這些真相。

以下所講的純粹是我個人經歷的分享，並沒有任何意圖去謗佛或誤導別人，我是絕對尊敬佛陀的，大家就當故事一個，希望佛教界朋友多多包涵！

我平時也有看佛經的習慣，所以去秘魯入森林，我也帶着一本《華嚴經》，準備在無聊時拿出來看。當儀式開始良久我進入狀態時，我突然看到佛陀笑咪咪的走出來對我說：「傻小子，我不是告訴過你我沒有說過任何法嗎？你還相信我所講的？不要信任何人啊！自己去求證，證明我是錯的！哈哈哈！」說罷佛陀隨即幻化成那本我帶去的《華嚴經》，然後慢慢向着我飄過來。當它越來越接近時，它開始慢慢粉碎剝落，最後像被風吹走的細沙在我面前完全消失了。

那一刻我明白了！明白了什麼我也不打算在此花唇舌解釋，

因為再講再解釋也不能貼近我當時那種明白的感受。希望大家嘗試去理解，這種不是樣樣事情都需要解釋但又清楚明白的狀態；或許這便是悟吧！

之後我對佛教或其他宗教都抱持更加開放的態度，不會再執着於任何學說的正確性，包括不執着於「不會執着於任何學說的正確性」。我不是在玩文字邏輯遊戲，但當時的感受真的是這樣！

往後死藤水給我的學習，有些都是重複之前所學的，讓我再加深認識。而其他的在此不贅言了，因為要講的話，可能十萬字也不夠。

面對自己

2016 年暑假，我便帶着彷彿脫胎換骨的心情回來香港，開始思考以後的人生應該怎樣過。當然最突破的就是辭去做了十三年的保險工作，然後成立 Wellen Time 這個 YouTube 頻道了。

成立初期什麼都不懂，拍攝、剪片、收音⋯⋯所有工作都非常陌生，唯有上網自學和問熟悉的行內朋友一些秘訣。所以頻道成立初期，大家都會看到我的影片錯漏百出，不是收音太細聲，就是鏡頭擺錯位。其實到現在這些問題也會偶爾發生，可能因為只得我一個人處理，所以便經常發生意外。

但是在營運這個頻道時，我發現多了很多時間去面對自己。尤其是那些出錯，往往都會令我心情低落好一段時間，還會害怕影片收視低，害怕流失觀眾。而且還要面對觀眾的留言，讚的固然令我飄飄然，但是罵的很多時候都很難接受。一個那麼好勝又傲慢的人，要面對自己一手一腳創造的榮辱挫敗，那種患得患失的感覺，在最初的時候其實都很困擾的。

學習了那麼多身心靈的知識和喝了那麼多杯死藤水又一把年紀，其實應該怎樣做人或者處理事情，心裡也是有一個譜的。只不過很多時候不知道怎樣把所學所知的，融入到生活每個細節。Wellen Time這個頻道正好讓我好好發揮我所學到的。

就好說話而言，起初我還是改不了的。試過有一次，夏導跟我一起去拍攝，訪問的嘉賓說話較慢，而我又擔心"dead air"(其實不知道為什麼要擔心，因為可以回去剪接的)，所以便經常搶着

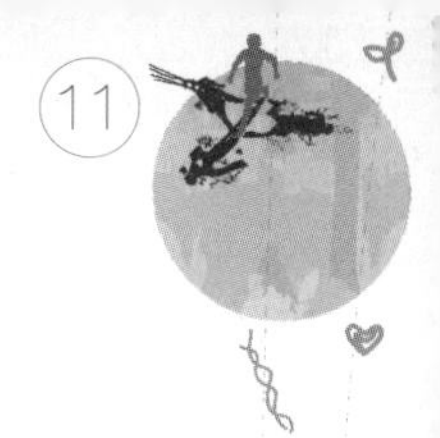

說話。再加上經驗尚淺，很多時候都想盡快把自己準備的問題問完，而沒有就嘉賓所表達的內容更深入地追問。完結後，夏導把我拉到一旁訓話，告訴我作為一個主持，應該要讓嘉賓盡情表達，因為這是一個訪談，嘉賓才是主角，而不是我自己的獨腳節目。聽罷我感到很慚愧，也很感激夏導的指教（我不傲慢了）。於是在往後的訪談，我開始放慢節奏，盡量聆聽嘉賓所說的，然後自然地在嘉賓所說的內容上發展。這種訪談技巧，到今天我還在忖摸中。

至於傲慢，可能由於這個性格太鮮明了，所以在最初開台時，太太便叮囑我不要太囂張。因為她知道我在訪談期間，一定很想表達「我也知道」的那一面，於是便會搶了嘉賓的風頭。說實話，到今天我也有想說「我也知道」的這種衝動，但我總算可以控制到不讓這隻傲慢的野獸跑出來。因為我已經知道，做訪談節目不是要表現自我，而是要學懂讓嘉賓發光發亮，這才是我最重要的工作。所以有時候懂得放下自己，也是讓事情變得更好的關鍵。

而面對負評留言甚至是一些 Haters 的攻擊，最初我也很愚蠢地作出反擊。但很快我便清醒過來並看到，人生的價值其實不在於任何評語，或者成功不在於別人的片言隻語，而是自己所做的事情的出發點是什麼。我沒有那麼偉大，希望所做的影片可以拯救世界或者真的可以令觀眾覺醒。而我亦沒有那麼清高，真的不介意收視率和會員人數。

我只希望每一條影片的出發點，都是正面的，無論是對嘉賓或者是觀眾，總希望帶給大家一些正能量。有好的收視固然開心，但如果收視偏低，我亦不會太介意了。因為那怕只有一位觀眾看完我的影片後，心情開朗了或者心中的鬱結解開了，對我來說已經是很大的成就。

過去的日子，很感謝每一位在Wellen Time分享過的嘉賓。雖然在《自序》裡已經講過，老套點再說一次，沒有你們，Wellen Time什麼都不是。當然要感謝一直以來那麼支持Wellen Time的觀眾們，雖然你們的留言我不一定回覆，但是每一個我都會看的。你們的支持，就是推動Wellen繼續向前的動力。祝願大家身心靈健康和找到適合自己的覺醒道路！

後記

2016年死藤水儀式後，我的確是戒了酒。但過了不久（大概半年）我便又再拿起酒杯了。再度喝酒，是因為「自己又想通了」，覺得再喝酒其實也沒有所謂的，發作便發作吧！之後酒照喝，痛風照發作，但是不太猛烈。直到2023年，我的痛風發作得很厲害，雙膝不是不能屈曲，便是不能伸直。於是我再次把酒杯放下差不多一年之久。

在戒酒那一年裡，我的痛風反而不停地發作，大部分時間都不良於行。好不容易捱過了那一年後，我又再次拿起酒杯。這次再度喝酒，並不是又想通了什麼，而是經常心癢癢掛念喝了酒那種醉醺醺的狀態。於是便在每晚睡前淺嘗少許。最初都維持到這種狀態，但過了不久又是大杯大杯的喝下去。

直到2025年初，痛風又來探訪我了，但是程度不太猛烈。以往每次痛風發作，我都很憤怒和後悔。但是今次它的出現令我有一種從來沒有的感覺，就是很感謝它又再次來提醒我，人生中沒完沒了的痛苦遊戲，其實都是自己創造的。而永恆快樂自在的狀態，也可以經自己顯化出來的。於是我再次放下酒杯，相信今次應該是最後一次了。因為我發現，除了我沒有再掛念以前喝了酒那種醉醺醺輕飄飄的快感，我還開始討厭這種神志不清的狀態了。這種迷迷糊糊的快感，其實就是以往我最不安時，透過酒精交換

得來的。現在我覺得我的心都安了，我不需要再靠它來逃避什麼了。

或許你會問我，當初想知道的宇宙真相找到了沒有？其實宇宙真相又怎會讓你找得到。我們生活中種種不明白的事情，在找到答案那一刻便以為是宇宙真相。但是過了不久，總會被其他事情或者自己推翻，那時候真相又幻滅了。所以尋求宇宙真相，其實就只有尋求，哪有真相呢？如果硬是要說什麼才是宇宙真相，或許沒有真相便是真相了。就好像什麼是永恆不變？變幻才是永恆啊！

香港製造，呈現香港人故事。

Good Year 出版作品

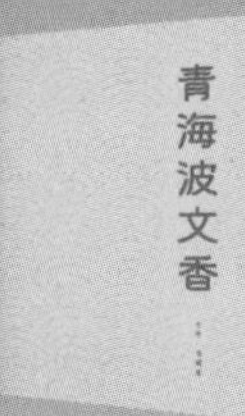
青海波文香

日月少女

蔡蔡醫師養生指南：
分清真養生還是智商稅

棟篤笑背後一啲
都唔好笑

俄的求生指南

韓國原來如此地獄？！
在地香港三寶媽的生存手記

犯罪島歌 2 屍山血海

恐懼異聞錄

似鬼妹嘅香港人
成長誌

毛守救援——
用一生守護流浪毛孩

徐天佑——
療癒覺醒

比賽之形，人生之型：
劉慕裳

如何活出燦爛人生

再一次，放浪地球

Zoe 教你生酮飽住瘦

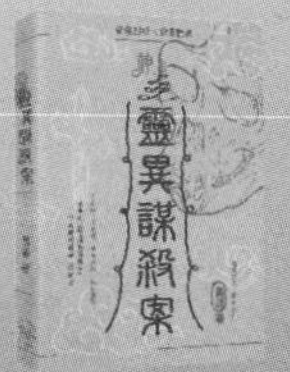
靈異謀殺案

衛城道 6 號

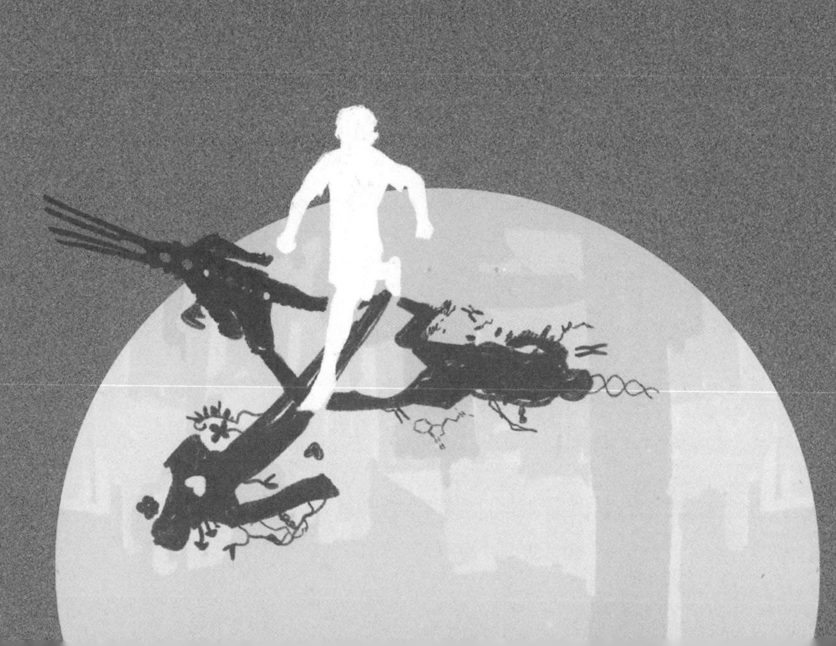

01 Body 02 Mind 03 Spirit

聽身心靈說話

宇宙都想讓你知道的妙事，由WELLEN與一眾嘉賓好友告訴你

作　　者：Wellen
出 版 人：卓煒琳
編　　輯：Inez Wong
封面插圖：Crystal Ling
設　　計：#rickyleungdesign
出　　版：好年華生活百貨有限公司
地　　址：香港葵涌和宜合道 151-157 號，勝利工業大廈，5 樓 A 座 14 室
查　　詢：gytradinggroup@gmail.com
發　　行：一代匯集
地　　址：香港旺角龍駒企業大廈 10 樓 B & D 室
查　　詢：2783 8102
國際書號：978-988-70842-7-3
出版日期：2025 年 5 月
定　　價：HKD $128

Printed in Hong Kong

Good Year Publisher